AI와 기계 산업

AI문고

인공지능 시대입니다. 기계가 인간의 인지를 대신하고, 사물이 인간을 통하지 않고 다른 사물과 직접 커뮤니케이션합니다. 이에 따른 인간 삶과 문명 변화를 정확히 이해 · 예측 · 대응하는 것은 이 시대 우리 모두의 과제입니다. AI문고는 인공지능 기술과 환경의 여러 주제를 10가지 키워드로 정리합니다. 관련 개념과 이론, 학계와 산업계의 쟁점, 우리 일상의 변화를 다룹니다. 인간과 기술의 현재, 미래를 세심히 분석합니다.

일러두기

- 인명, 작품명, 저서명, 개념어 등은 한글과 함께 괄호 안에 해당 국가의 원어를 병기했습니다.
- 외래어 표기는 현행 어문규정의 외래어표기법을 따랐습니다.

처음이세요?

전문가세요?

AI와 기계 산업

백동천

대한민국, 서울, 커뮤니케이션북스, 2026

AI와 기계 산업

지은이 백동천
펴낸이 박영률

초판 1쇄 펴낸날 2026년 1월 23일

커뮤니케이션북스(주)
출판 등록 2007년 8월 17일 제313-2007-000166호
02880 서울시 성북구 성북로 5-11
전화(02) 7474 001, 팩스(02) 736 5047
commbooks@commbooks.com
www.commbooks.com

ISBN 979-11-430-0921-0 03500

책값은 뒤표지에 표시되어 있습니다.

차례

세상을 움직이는 기계공학 xi

01 연구 방법론의 데이터 기반 전환 1

02 AI 기반 창의성 발현 9

03 메타 인지에서 인공지능 인사이트 도출 17

04 자율 제조를 향한 품질 데이터 활용 27

05 AI 기반 설계 자동화 35

06 인간 친화적 휴머노이드 로봇 개발 45

07 물리 환경 기반 인공지능 학습 53

08 목적성 있는 데이터 수집과 기준 63

09 기계 분야의 연구 개발 방식 전환 73

10 기계 산업과 AI 83

세상을 움직이는 기계공학

기계공학의 역할은 인공지능(AI) 시대에 새롭게 정의되고 있다. 전통적으로 공학은 이론 모델을 바탕으로 제한된 데이터를 활용해 현상을 설명해 왔다. 그러나 이제 중요한 것은 '모델'보다 '데이터'다. 방대한 데이터를 어떻게 구조화하고 해석하느냐가 연구 성패를 좌우한다. 연구자는 경기장의 선수에서, 경기 규칙을 설계하는 사람으로 바뀌고 있다.

AI는 창의성 영역에도 침투하고 있다. 오토인코더(Autoencoder) 같은 생성 신경망은 과거의 데이터를 조합해 새로운 결과를 산출하며, 이는 인간의 창의적 사고 구조와 유사하다. 창의성이란 무(無)에서 나오는 것이 아니라, 맥락 속에서의 재조합이며, 인공지능은 이를 능동적으로 수행할 수 있다.

제조 분야에서는 AI가 단순한 자동화를 넘어, 공정 자체를 자율적으로 조절하는 '끊김 없는 자율 제조(seamless autonomous manufacturing)'로 발전하고 있다. 이는 인간의 개입 없이도 품질을 개선하고 비용을 절감하는 새로운 방식의 생산 시스템을 의미한다. 또한 설계, 평가, 운영에 이르는 전 과정이 AI 기반으로 자동화되며, 비전문가도 자연어 인터페이스를 통해 기계 설계에 접근할 수 있는 시대가 도래했다.

궁극적으로, AI는 증기 기관처럼 '새로운 엔진'이지만, 사회를 바꾸는 것은 그것을 적용한 실천적 구현체들이다. 증기 기관 그 자체가 아니라 증기 기관차가 산업 혁명을 이끌었다. 인공지능 역시 드론, 자율주행차, 협업로봇 등 기계공학적 실현을 통해 세상에 영향을 미친다. 따라서 기계공학은 단순한 학문이 아니라, AI를 현실화하고 사회를 재구성하는 데 핵심적인 도구로 작동한다.

AI는 공학의 판을 다시 쓰고 있다. 이제 기계공학자들은 '기계가 만드는 새로운 시대'를 단지 예측하는 것이 아니라, 그것을 설계하고 구현하는 주체가 되어야 한다.

책의 구성

이 책은 다음 열 개의 주제로 구성되어 있다.

연구 방법론의 데이터 기반 전환

전통적으로 연구는 가설을 세우고 모델을 설계하며, 제한된 데이터를 통해 타당성을 입증하는 과정이었다. 그러나 오늘날 우리는 데이터 중심 혁명의 시대에 살고 있다. 연구는 더 이상 전통적 모델 기반의 틀에 머물지 않고, 방대한 데이터를 분석하고 활용하는 방식으로 전환되고 있다. 그렇다면 이러한 패러다임의 변화는 연구의 본질과 연구자의 역할에 어떤 변화를 가져오고 있을까? 잘 정제된 학습 데이터가 이론 공식보다 중요해진 이 시대에 연구자는 어떤 역량을 갖추어야 할까?

AI 기반 창의성 발현

인공지능이 만들어 내는 창의적인 결과물들은 인간 고유의 능력으로 여겨졌던 창의성의 본질에 대해 질문을 던지고 있다. 과연 기계는 창작할 수 있을까? 오토인코더는 고차원 데이터를 저차원 공간으로 압축(인코딩)하고, 이를 다시 원래의 고차원 공간으로 복원(디코딩)하는 신경망 구조로, 이러한 질문에 대한 흥미로운 통찰을 제공하며 인공지능이 창의성을 모방하는 한 방식으로 이해될 수 있다 .

메타 인지에서 인공지능 인사이트 도출

인공지능은 단순한 도구를 넘어 인간의 지적 활동 전반을 탐구하는 강력한 실험 모델을 제공하며, 특히 '자기 반영 시스템'(Metacognitive AI)의 설계는 인간 사고의 메커니즘에 대한 깊은 이해를 가능하게 한다. AI의 신경망은 인간 뉴런의 구조를 모방하여 발전해 왔으며, 이러한 접근은 인간 사고의 본질을 더 명확히 이해하는 데 기여할 수 있다. 과연 AI의 자기 반영 능력은 인간 지성의 새로운 통찰을 열 수 있을까?

자율 제조를 향한 품질 데이터 활용

제조 현장에서 인공지능은 단순히 제품의 불량 여부를 감지하는 것을 넘어, 측정 결과를 바탕으로 생산 조건을 자동 조절하고 최적화하는 단계로 진화하고 있다. 이는 단순 자동화를 넘어선 자율화의 영역이며, 사람의 개입 없이도 공정들이 유기적으로 연결되는 '끊김 없는 자율 제조' 시대의 서막이다. 과연 인공지능이 어떻게 제조 공정의 효율성과 안정성을 혁신하며 미래 산업을 이끌어 갈 수 있을까?

AI 기반 설계 자동화

기계공학 분야는 인공지능 에이전트의 도입으로 혁신적인 변화를 맞이하고 있으며, 이는 설계부터 제조, 운영에 이르는 전 과정에 걸쳐 자동화와 효율성을 극대화하고 있다. 과거에는 인간의 숙련된 지식과 경험에 의존했던 복잡한 공학적 문제들이 이제 AI의 자율적인 판단과 실행 능력으로 더욱 정교하게 해결되고 있다.

인간 친화적 휴머노이드 로봇 개발

인간과 로봇이 자연스럽게 공존하는 미래는 어떤 모습일까? 특히 우리의 일상 공간인 건물과 주거 단지는 어떻게 변화해야 로봇의 잠재력을 최대한 발휘하고 인간의 삶을 풍요롭게 할 수 있을까? 이러한 질문들은 인공지능 기술의 발전과 함께 로봇이 활동하기 좋은 환경을 구축하는 미래 건축의 핵심 과제로 부상하고 있다.

물리 환경 기반 인공지능 학습

인공지능이 현실 세계와 직접 상호작용하며 물리적 변화를 만들어 내는 물리적 인공지능(Physical AI)의 시대가 눈앞에 다가왔다. 과연 AI가 물리 세계를 이해하고 행동하는 능력을 갖게 되면 우리의 삶과 산업은 어떻게 변화할까? 이는 AI 발전의 궁극적인 미래로 제시되며, 로봇과 자율주행 모빌리티 분야에 혁신적인 전환을 가져올 것으로 기대된다.

목적성 있는 데이터 수집과 기준

인공지능 시스템의 성능과 정확도는 고품질 데이터의 확보 여부에 크게 좌우된다. 데이터는 AI 모델의 학습과 평가의 기반이 되며, 데이터의 양과 품질은 예측 정확도에 직접적인 영향을 미친다. 또한, 목적에 맞는 데이터는 접근성(Accessible), 신뢰성(Believable), 완전성(Comprehensive), 무결성(Data Integrity)을 갖춰야 한다. 데이터 무결성은 데이터가 생성부터 보관, 폐기에 이르기까지 전 생애 주기 동안 정확하고 일관되며 신뢰 가능한 상태를 유지하는 것을 의미하며, 특히 의약품 제조 및 품질 관리(GMP)와 같은 분야에서 제품 품질과 환자 안전을 보장하는 데 필수다.

기계 분야의 연구 개발 방식 전환

급변하는 현대 사회에서 기업의 생존을 좌우하는 핵심 요소로 '애자일(Agile)' 방법론이 부상하고 있다. 과거 소프트웨어 개발 분야에 국한되었던 애자일은 AI가 전 산업에 장착되며, 인공지능의 확산과 더불어 소프트웨어가 이제 전 산업 분야로 확산하는 과정에서 조직의 민첩성과 혁신을 이끄는 중요한 경영 철학으로 자리 잡았다. 애자일의 본질과 전통적인 워터폴 방식과의 차이점, 그리고 다양한 산업에서 애자일이 어떻게 적용되고 있는지 심층적으로 분석하고자 한다.

기계 산업과 AI

인공지능은 마치 과거 증기 기관이 산업 혁명을 이끌었던 것처럼, 미래를 이끄는 새로운 동력으로 주목받고 있다. 그러나 세상을 실제로 변화시킨 것은 증기 기관 그 자체가 아니라, 그것이 구체화된 증기 기관차나 증기 기관선과 같은 물리적 구현체들이었다. 인공지능의 가능성은 알고리즘만으로는 실현될 수 없으며, 실제 작동하는 물리적 매개체를 통해 비로소 현실 세계에 영향을 미친다. 그렇다면 오늘날 인공지능이라는 새로운 엔진이 사회 전반에 실질적인 변화를 가져오기 위해 기계공학은 어떤 역할을 수행하고 있을까?

01
연구 방법론의 데이터 기반 전환

전통적으로 연구는 가설을 세우고 모델을 설계하며, 제한된 데이터를 통해 타당성을 입증하는 과정이었다. 그러나 오늘날 우리는 데이터 중심 혁명의 시대에 살고 있다. 연구는 더 이상 전통적 모델 기반의 틀에 머물지 않고, 방대한 데이터를 분석하고 활용하는 방식으로 전환되고 있다. 그렇다면 이러한 패러다임의 변화는 연구의 본질과 연구자의 역할에 어떤 변화를 가져오고 있을까? 잘 정제된 학습 데이터가 이론 공식보다 중요해진 이 시대에 연구자는 어떤 역량을 갖추어야 할까?

AI와 1인 창업?

연구 패러다임의 변화: 모델 중심에서 데이터 중심으로

과거에는 현상을 설명하는 이론적 모델이나 수학적 공식 구축에 중점을 두고 연구했다. 연구자들은 제한된 실험과 관찰을 통해 가설을 세우고, 소규모 데이터를 수집해 모델을 검증했다. 그러나 인공지능 기술의 발전은 이러한 연구의 흐름을 근본적으로 변화시키고 있다. 머신러닝과 딥러닝은 대량의 데이터를 처리하고 그로부터 패턴이나 규칙을 자동으로 학습하며 이를 토대로 연구자를 대신해 직접 예측 모델을 만든다. 이 능력은 의학, 생물학, 화학, 사회과학 등 다양한 분야에서 연구의 속도와 정밀도를 크게 향상하고 있다.

이러한 인공지능 방식은 데이터 중심 인공지능으로의 패러다임 전환을 보여 준다. 이에 따라 인공지능 모델의 정교함보다는 데이터 자체의 품질 개선에 집중하는 전략이 필요하다. 과거에는 데이터가 많을수록 좋다는 인식이 강했지만, 이제는 소규모라도 고품질의 데이터를 확보하는 것이 대규모 데이터 활용의 한계를 극복하는 핵심 요소로 부상했다(과학기술정보통신부 · 한국지능정보사회진흥원, 2021). 연구의 초점이 데이터의 양에서 질로, 그리고 데이터를 통한 실증적 가설 검증과 새로운 패턴 발견으로 이동하고 있다. 이러한 변화는 기존 과학적 지식에 도전하고 새로운 발견을 가능하게 하는 중요한 동력이 된다.

정제된 학습 데이터의 중요성과 가치

학습 데이터는 인공지능이 기계 학습을 통해 문제를 해결하는 데 필요한 구체적 정보를 담고 있다(과학기술정보통신부 · 한국지능정보사회진흥원, 2021). 잘 정제된 학습 데이터는 인공지능이 올바르게 학습하고 최적의 성능을 발휘할 수 있도록 돕는 구조화된 지식의 집합체다. 인공지능 학습용 데이터의 품질이 인공지능의 성능을 80~90% 이상 결정할 만큼 중요하다. 인공지능 모델의 성능 저하는 종종 알고리즘의 문제가 아니라 데이터 품질 문제에서 비롯된다. 정제된 학습 데이터의 주요 품질 특성에는 다양성, 신뢰성, 충분성, 균일성, 사실성이 있다.

- 다양성: 실제 세상의 다양한 특성과 조건을 반영
- 신뢰성: 믿을 수 있는 출처에서 획득
- 충분성: 학습에 필요한 데이터 수량 확보
- 균일성: 각 분류별 데이터가 적절히 분포

■ 사실성: 실제 환경을 반영하면서 일관성 유지

편향성은 데이터에 내재한 특정 경향성으로, 인공지능 모델이 불공정하거나 왜곡된 결과를 도출할 위험이 있다. 실제 실험 결과, 인공지능 알고리즘의 편향성은 사용자 의사 결정에 잠재적 영향을 미칠 수 있음이 확인되었다. 의료 분야 연구 윤리 지침에서도 인공지능 연구자는 전 운용 기간 동안 편향을 줄이기 위해 노력해야 함을 명시하고 있다. 의료 영상 분야 예시에서, 인공신경망은 신속한 해상도 향상이 가능하지만, 충분한 학습 데이터가 부족하면 정확도가 낮아진다. 이는 데이터의 양적 확보를 넘어 질적 우수성이 인공지능 모델 성공의 핵심임을 시사한다. 인공지능을 위한 데이터 정제란 원시 데이터를 중복이나 누락 없이 처리하는 것 이외에 기계 학습에 적합하게 다양성, 충분성, 균일성, 등을 확보하는 과정이다.

연구자의 새로운 역할: 데이터의 설계자와 감독자

데이터 기반 연구 패러다임에서 연구자는 단순히 데이터를 활용하는 것을 넘어, 데이터의 '설계자'이자 '감독자'로 변화하고 있다. 이는 경기장의 선수에서 경기 규칙을 만드는 감독이나 심판의 역할로 전환되는 것과 같다. 연구자는 인공지능 학습용 데이터 구축의 전 생애 주기, 즉 임무 정의, 데이터 획득, 정제, 레이블링, 학습 등 모든 단계에서 체계적 품질 관리를 수행해야 한다.

데이터 획득 단계에서는 법적 제약 없이 활용 가능한 데이터를 확보해야 하며, 개인정보나 기업의 보안 사항이 포함된 경우 반드시 동의를 받아야 한다. 의료 연구에서는 데이터 수집이 사생활 보호, 형평성, 정보 주체의 자율성을 존중하는 방식으로 이루어져야 한다(청년의사, 2023).

레이블링은 정제된 데이터에 참값(Ground Truth)을 부여하는 과정으로, 2인 이상의 교차 검증과 전수 검사가 필요하다. 예를 들어, 이미지에서 객체 위치 정보를 추출하는 바운딩박스(Bounding Box)는 대상을 정확히 감싸야 하며, 시맨틱 세그먼테이션(Semantic Segmentation)은 픽셀 단위로 객체 영역을 표시해야 한다.

연구자는 데이터 생성, 관리, 활용의 모든 과정에서 품질을 책임지고, 문제를 예방하며 해결하는 능동적 역할을 수행해야 한다. 이를 위해 품질 관리 조직을 구성하고 역할을 명확히 해야 한다.

데이터 기반 연구의 실제 적용과 과제

데이터 기반 연구는 이미 다양한 분야에서 활발히 적용되고 있다. 공학 시스템 분야에서는 인공지능을 활용해 센서 네트워크를 최적화하고, 교량의 건전성을 실시간으로 파악한다. 진동 신호나 음향 신호 등 1차원 데이터를 2차원 이미지로 변환해 합성곱 인공신경망(CNN, Convolutional Neural Network)으로 고장 예측 및 진단에 활용하는 연구도 진행되고 있다. CNN은 영상 인식, 물체 인식, 텍스트 인식, 자연어 처리 등에서 높은 성능을 보이는 딥러닝 기술이다.

유틸리티 회사는 머신러닝과 데이터 분석으로 에너지 소비 패턴을 예측하고, 소매업체는 예측 분석으로 제품 수요를 예측해 재고를 최적화한다. 하지만 데이터 기반 전환에는 여러 과제도 존재한다. 낮은 데이터 품질은 부정확한 분석과 잘못된 의사 결정으로 이어질 수 있기 때문이다. 또한 부서 간 시스템 차이로 인한 데이터 사일로(Data Silos)는 데이터 통합과 분석을 어렵게 만든다. 데이터 문맹(Data Illiteracy), 즉 데이터를 해석하고 활용하는 기술 부족도 중요한 과제다. 연구자의 확증 편향(Confirmation Bias) 역시 데이터를 선택적으로 해석해 편향된 결과를 초래할 수 있다. 이를 해결하려면 지속적

교육과 데이터 활용 문화 조성이 필수다.

또한 데이터 활용의 윤리, 개인정보 보호, 투명성 등도 중요한 과제다. 정부는 데이터 거버넌스(Data Governance)를 통해 대응하고 있지만, 법 제도 정비 등 미흡한 부분이 많아 추가적인 노력이 필요하다. 데이터 거버넌스란 다양한 주체가 데이터를 안전하게 활용하고, 국민의 삶의 질과 국가 발전에 기여하는 정책적 의사 결정 구조이자 관리 · 감독 체계를 의미한다.

요약

연구 방법론은 전통적 모델 중심에서 데이터 중심 패러다임으로 전환되고 있다. 인공지능과 머신러닝 기술 발전이 이를 이끌고 있으며, 잘 정제된 고품질 학습 데이터가 연구 성패의 핵심이 되었다. 데이터의 다양성, 신뢰성, 충분성, 균일성, 사실성은 인공지능의 윤리적이고 정확한 결과 도출에 필수다. 연구자는 데이터의 설계자이자 감독자로서, 데이터의 생성부터 관리, 활용까지 품질과 윤리를 책임져야 한다. 그러나 데이터 품질, 사일로, 문맹, 확증 편향, 윤리적 · 법적 문제 등은 여전히 해결해야 할 과제다. 앞으로 연구자들은 이러한 문제를 극복하고 데이터 기반 연구의 잠재력을 최대한 발휘하기 위해 역량을 강화하고 협력적으로 접근해야 한다.

참고문헌

과학기술정보통신부·한국지능정보사회진흥원(2021). "인공지능 데이터 품질관리 가이드라인".

문기업 외(2023). "보건의료 영역 인공지능 윤리 원칙과 고려사항." 《한국의료윤리학회지》, 26(2), 103~131.

한국지능정보사회진흥원(2024). "AI 에이전트 시대, AI 활용 패러다임 변화." 《GDX REPORT》, 2024-12.

황용석 외(2020). "추천시스템 편향 보정 및 공정성 보장 방안 연구: 측정방법론을 중심으로". 정보통신정책연구원.

허무영(2024). "연구데이터 관리 방안". Institute for Basic Science.

Majeed, A. & Hwang, S. O.(2024). A Data-Centric AI Paradigm for Socio-Industrial and Global Challenges. *Electronics, 13*, 2156.

02
AI 기반 창의성 발현

인공지능이 만들어 내는 창의적인 결과물들은 인간 고유의 능력으로 여겨졌던 창의성의 본질에 대해 질문을 던지고 있다. 과연 기계는 창작할 수 있을까? 오토인코더는 고차원 데이터를 저차원 공간으로 압축(인코딩)하고, 이를 다시 원래의 고차원 공간으로 복원(디코딩)하는 신경망 구조로, 이러한 질문에 대한 흥미로운 통찰을 제공하며 인공지능이 창의성을 모방하는 한 방식으로 이해될 수 있다.

AI와 MBTI?

오토인코더의 기본 원리

오토인코더는 입력 데이터를 최대한 압축하고 그 특징을 추출하여 다시 원래의 입력 형태로 복원하는 것을 목표로 하는 신경망이다. 이 과정에서 데이터를 압축하는 부분을 인코더(Encoder), 복원하는 부분을 디코더(Decoder)라고 부르며, 압축 과정에서 추출된 의미 있는 데이터를 잠재 벡터(latent vector) 또는 잠재 공간(latent space)이라고 한다. 오토인코더의 특징은 입력층과 출력층의 뉴런 수가 동일하며, 입력과 출력의 차이(MSE)를 최소화하도록 학습한다는 점이다(슈퍼짱짱, 2021).

오토인코더는 사람의 레이블(label)이 필요 없는 비지도 학습(Unsupervised Learning)의 한 형태다(Wikipedia, n.d.). 이는 대규모 데이터 세트에서 중요한 특징을 발견하고 표현하는 데 우수한 성능을 보이며(airobot, n.d.), 기존의 주성분 분석(PCA)과 같은 다른 차원 축소(Dimensionality Reduction) 알고리즘과 비교할 때 서로 다른 변수 간의 비선형적 관계를 모델링할 수 있다는 주요 장점이 있다(민정, 2022; Wikipedia, n.d.). 이러한 능력 덕분에 오토인코더는 차원 축소 외에도 이상 탐지, 이미지 잡음 제거, 이미지 인식, 추천 엔진 등 다양한 분야에서 응용된다(민정, 2022; airobot, n.d.).

잠재 공간과 창의적 생성

오토인코더는 단순히 입력 데이터를 재구성하는 것을 넘어, 잠재 공간을 활용하여 새로운 결과물을 생성할 수 있다는 점에서 창의성과 연결된다. 잠재 공간은 입력 데이터의 근본적인 구조를 보존한 압축된 표현으로, 여기에는 데이터의 핵심적인 잠재 변수(latent variables)가 포함된다(Bergmann, 2025).

특히 변형 오토인코더(VAE, Variational Auto encoder)는 오토인코더의 한 종류로, 학습된 입력 데이터의 '변형된' 형태로 새로운 데이터를 생성하는 생성형 모델(Generative Model)이다(민정, 2022; Bergmann & Stryker, 2024; airobot, n.d). 대부분의 오토인코더가 잠재 변수의 '이산적'이고 고정된 표현을 인코딩하는 반면, VAE는 잠재 공간의 '연속적'이고 '확률적'인 표현을 인코딩한다(Bergmann & Stryker, 2024). VAE는 디에데릭 P. 킹마(Diederik P. Kingma)와 맥스 웰링(Max Welling)의 2013년 논문에서 처음 제안되었으며(Kingma & Welling, 2013), 재매개변수화 트릭(reparameterization trick)을 사용하여 무작위성을 모델 입력으로 활용할 수 있게 하여 새로운 데이터 샘플을 생성한다(Bergmann & Stryker, 2024). VAE는 잠재 공간 내에서 가까운 지점은 유사한 콘텐츠를 생성하고, 모든 샘플링된 지점은 의미 있는 콘텐츠를 생성해야 한다는 연속성과 완전성을 갖추도록 학습한다(Bergmann, 2025). 이를 위해 재구성 손실과 함께 쿨백-라이블러(KL, Kullback-Leibler) 발산이라는 추가 손실 함수를 사용해 잠재 공간이 표준 정규 분포를 따르도록 한다(Bergmann, 2025).

이러한 잠재 공간의 특성 덕분에, 오토인코더는 창의성을 갖게 된다. 예를 들어 손 글씨 숫자 이미지를 2차원의 잠재 공간으로 압축한 후, 이 공간 내에서 점의 위치를 조금만 이동시켜도 새로운 모양의 숫자를 생성할 수 있다. 예를 들어, 2차원 평면에 표시된 잠재 공간에서 숫자 '3'과 '4'의 중간 위치에 해당하는 점을 입력하면, 마치 두 숫자가 융합된 듯한 새로운 형태의 숫자가 나타날 수 있는데, 이러한 중간 형태는 원래 고차원 이미지 공간에서 직접 설계하거나 생성하기 어렵기 때문에 창의적으로 보인다. 이는 'dog'와 'puppy'의 관계 벡터를 'cat'에 적용하면 'kitten'이 나오는 것과 같은 유추적 추론(analogical reasoning) 능력과 유사하다(Wyse, n.d.; Ha & Eck, 2017).

인간의 창의성 발현 과정도 유사한 것으로 보인다. 풍경화를 그리는 화가가 복잡한 장면(고차원 정보)을 머릿속에서 단순화하고 추상화(인코딩)한 뒤, 이를 캔버스 위에 재구성(디코딩)하는 과정처럼, 인간의 사고는 과거 경험과 지식을 조합하여 예상치 못한 연결을 만들어 내는 과정으로 볼 수 있다. 오랫동안 한 분야에 종사한 전문가는 이러한 추상화와 재구성 과정을 반복하며 마치 심층 신경망을 학습한 것처럼 내부화하여, 이것을 재구성하는 과정에서, 저차원적 추상 개념의 작은 변화만으로도 새롭고 복잡한 결과물을 자연스럽게 만들어 낼 수 있다.

디자인 분야에서의 오토인코더 활용 및 함의

생성형 AI의 발전과 함께 오토인코더 및 그 변형 모델들은 디자인 분야에서 큰 잠재력을 보여 주고 있다. 텍스트, 이미지, 영상, 음악 등 다양한 콘텐츠를 자동으로 생성함으로써 디자인 작업 시간을 단축하고 비용을 절감하며 창의성을 극대화할 수 있다(손효림 · 이창근, 2024; Franceschelli & Musolesi, n.d.). DALL-E, Stable Diffusion, Midjourney와 같은 이미지 생성 AI는 텍스트 프롬프트를 통해 새로운 그래픽과 이미지를 빠르게 시각화하고 기존에 고려되지 못한 창의적인 디자인 설루션을 제공한다. 이는 디자이너들이 아이디어를 탐색하고 구체화하는 데 드는 시간과 노력을 크게 줄여 준다(손효림 · 이창근, 2024). 또한, 고객이 직접 생성 모델을 조작하여 개인 맞춤형 디자인을 만들어 내는 새로운 비즈니스 모델도 가능하다(오일석 · 이진선, 2021).

그러나 이러한 기술 발전은 여러 도전 과제를 야기한다. 전문가들은 인공지능 기술에 대한 높은 의존도가 디자이너의 분별 능력을 저하하고, 인간 고유의 창의성이나 개성을 사라지게 할 수 있다고 우려한다. 또한 디자인 작업의 상향 평준화와 유사한 결과물 도출 가능성, 그리고 궁극적으로 디자이너의 일자리 위협 및 디자인 가치 하락에 대한 논의가 필요하다(손효림 · 이창근, 2024).

가장 중요한 문제 중 하나는 저작권 침해다. AI 이미지 생성 모델은 저작권이 있는 수많은 이미지 데이터를 활용하여 학습하기 때문에, 학습된 이미지를 참조하여 생성한 새로운 이미지가 상업적 용도로 사용될 경우 저작권 문제가 심각해질 수 있다. 이에 따라 AI 기술의 사용과 관련한 법규 개정 및 윤리적 기준 마련, 그리고 디지털 리터러시 교육의 중요성이 강조된다(손효림 · 이창근, 2024).

요약

오토인코더는 고차원 데이터를 저차원 잠재 공간으로 인코딩하고 다시 디코딩하는 신경망으로, 학습된 특징을 기반으로 새로운 결과물을 생성하여 인공지능의 창의성을 모방한다. 특히 변형 오토인코더는 확률적 잠재 공간을 통해 기존 데이터와 유사하지만 독창적인 샘플을 생성한다. 이는 인간의 추상화 및 재구성 능력과 유사하다(Bergmann & Stryker, 2024). 디자인 분야에서 이러한 생성 모델은 아이디어 시각화 및 효율성 증대에 기여하지만, 창의성 상실, 일자리 위협, 저작권 문제 등 윤리적, 사회적 도전 과제도 함께 제기된다. 따라서 기술 발전과 더불어 관련 법규와 교육을 통해 균형 있는 활용 방안을 모색하는 것이 중요하다.

참고문헌

대치동에 간 뇌과학자(2025). "인간의 창의성이란 무엇일까?". 브런치.

민정(2022). "딥러닝 AutoEncoder 개념 및 종류". velog.

손효림·이창근(2024). "디자인 분야의 인공지능(AI) 활용 전략". 《디지털콘텐츠학회논문지》, 25(8), 2035~2044쪽.

슈퍼짱짱(2021). "Anomaly Detection by Auto Encoder". 티스토리.

오일석·이진선(2021). 《파이썬으로 만드는 인공지능》.

한빛아카데미.
위키백과. “오토인코더”.
https://ko.wikipedia.org/wiki/%EC%98%A4%ED%86%A0%EC%9D%B8%EC%BD%94%EB%8D%94
airobot(n.d.). “오토인코더(Autoencoder)란?”. 티스토리.
Bergmann, D.(2025). “잠재 공간이란 무엇인가요?”. IBM.
Bergmann, D. & Stryker, C.(2024). “변형 오토인코더란 무엇인가요?”. IBM.
Franceschelli, S. & Musolesi, M.(2024). Creativity and Machine Learning: A Survey. ACM Computing Surveys, 56(11), Article 274, 1~41. https://arxiv.org/abs/2104.02726
Ha, D. & Eck, D.(2018). A Neural Representation of Sketch Drawings. *Proceedings of the International Conference on Learning Representations (ICLR)*. arXiv:1704.03477. https://arxiv.org/abs/1704.03477
Kingma, D. P. & Welling, M.(2014). Auto-Encoding Variational Bayes. *Proceedings of the 2nd International Conference on Learning Representations(ICLR)*. arXiv:1312.6114. https://arxiv.org/abs/1312.6114
Wyse, L.(2019). Mechanisms of Artistic Creativity in Deep Learning Neural Networks. *Proceedings of the 10th International Conference on Computational Creativity(ICCC)*, pp. 116~123. https://arxiv.org/abs/1907.00321

03
메타 인지에서 인공지능 인사이트 도출

인공지능은 단순한 도구를 넘어 인간의 지적 활동 전반을 탐구하는 강력한 실험 모델을 제공하며, 특히 '자기 반영 시스템'의 설계는 인간 사고의 메커니즘에 대한 깊은 이해를 가능하게 한다. AI의 신경망은 인간 뉴런의 구조를 모방하여 발전해 왔으며, 이러한 접근은 인간 사고의 본질을 더 명확히 이해하는 데 기여할 수 있다. 과연 AI의 자기 반영 능력은 인간 지성의 새로운 통찰을 열 수 있을까?

AI와 난임 극복?

AI 시스템의 자기 반영

메타 인지(Metacognition)는 '생각에 대한 생각'으로, 자신의 인지 과정을 모니터링하고 조절하는 고차원적인 인지 능력을 의미한다. AI 에이전트에 메타 인지를 구현하는 것은 AI가 스스로의 행동을 평가하고 조절하며, 과거 경험과 자기 인식을 바탕으로 더 나은 의사 결정을 내리고 성능을 개선하도록 돕는다(AI 멀티버스 학습포털 연구팀, 2025; Tankelevitch et al., 2024; Wei et al., 2024).

메타 인지적 AI는 크게 네 가지 핵심 영역에서 자기 반영 능력을 발휘한다. 이를 TRAP 프레임워크라고 부르는데, 이는 투명성(Transparency), 추론(Reasoning), 적응성(Adaptation), 지각(Perception)을 의미한다(Wei et al., 2024).

투명성

메타 인지적 AI는 자신의 결정 과정과 근거를 인간이 이해할 수 있는 방식으로 설명할 수 있다. 이는 AI가 왜 특정 결정을 내렸는지, 어떤 입력 데이터와 내부 파라미터가 영향을 미쳤는지 명확히 제시하며, 사용자의 요구에 따라 설명의 수준을 조절할 수 있다. 이를 통해 '블랙박스'와 같은 문제를 해소하고, AI 시스템에 대한 신뢰를 높일 수 있다.

추론

메타 인지적 AI는 자기 성찰과 자기 인식을 논리에 통합하여 추론 능력을 향상한다. AI는 자신의 경험적 지식을 바탕으로 진단 기준을 개선하고 복잡한 사례를 구별하는 등 보다 정확하고 신뢰할 수 있는 의사 결정을 내릴 수 있다.

적응성

AI 시스템은 내부 상태의 오류를 감지하고 수정하며, 행동과 전략을 유연하게 조정할 수 있다. 이는 예측 불가능한 환경에서도 효과적으로 작동하게 하며, 출력 재평가, 다른 처리 경로 선택, 오류 감지 및 수정 규칙 등을 통해 이루어진다. 특히 대규모 언어 모델(LLM)의 자기 수정 능력은 자체 검토를 통해 능력을 향상할 수 있음을 보여준다.

지각

메타 인지적 AI는 감각 정보를 맥락에 맞게 해석하고 이해하는 능력을 포함한다. AI는 자체 감각 처리의 정확성과 한계를 평가하여, 내재된 편향이나 약점을 인식하고 보정할 수 있다.

이러한 메타 인지적 능력은 AI 시스템의 신뢰성, 안전성, 효율성, 그리고 인간과의 협업 가능성을 크게 향상할 수 있다. 특히 불확실성이 높고 오류 비용이 큰 중요한 의사결정 영역(의료 진단, 자율주행, 금융 등)에서 그 가치가 더욱 두드러진다(AI 멀티버스 학습포털 연구팀, 2025).

인간 사고에 대한 실험적 모델로서의 AI

AI의 메타 인지적 시스템은 인간의 사고 메커니즘을 이해하는 데 중요한 통찰력을 제공한다. AI의 메타 인지 능력 개발은 인간의 메타 인지에 대한 이해를 심화하는 데 기여할 수 있으며, AI는 인간의 인지적 편향을 감지하고 메타 인지적 기술을 활용하여 대안적인 정보를 고려하도록 유도할 수 있다(Veisi et al., 2024).

인간과 AI의 메타 인지 프로세스 비교 연구는 AI가 인간의 메타 인지 프로세스를 진정으로 모방하는지 또는 단지 표면적인 측면을 시뮬레이션하는지에 대한 이해를 높이는 데 중요하다. '경험 큐브(Cube of Experience)'와 같은 메타 인지 프레임워크는 AI에 자신의 경험과 내부 상태에 대한 구조화된 다차원적 표현을 제공하여 자기 성찰을 용이하게 한다. 이 프레임워크는 구체성(Tangibility), 신념(Belief), 지각(Perceptibility)이라는 핵심 메타 인지적 차원을 포함하며, 이를 통해 AI는 자신의 지식의 한계를 인식하고, 불확실한 정보를 식별하며, 잘못된 정보에 대한 과신을 방지할 수 있다.

인간은 주관적인 경험과 의식을 통해 자신의 인지 상태를 인식하고, 암묵적이고 직관적인 방식으로 메타 인지를 발휘한다. 반면, AI는 알고리즘과 수학적 모델을 통해 기능적 수준에서 자기 모니터링을 수행한다. 그러나 AI는 지식 상태를 평가하고 학습 스타일을 인식하며, 불확실성 수준에 따라 추가 정보를 요청하거나 전문가에게 의뢰하는 등 메타 인지적 판단을 내릴 수 있다. 이러한 AI의 기능적 자기 인식을 통해 우리는 인간 메타 인지에 대한 가설을 세우고 정량적, 재현적으로 평가하는 실험적 환경을 구축할 수 있다(Lee, M., 2025). 예를 들어, AI의 '신념' 축은 AI가 특정 정보의 진실성에 대한 확신을 추적하게 하여, 모델이 잘못된 정보를 과도하게 확신하는 것을 방지할 수 있게 한다.

고차원 사고와 AI의 내부 표현

인간은 복잡한 고차원적 사고를 저차원으로 추상화하고, 이를 바탕으로 사고를 확장하고 재구성하는 능력을 가지고 있다(Schunk & Ertmer, 2000; Spiro et al., 1991). AI의 '경험 큐브'는 각 기억이나 지식 항목을 내용(지각 벡터)과 그 내용의 메타 속성(구체성, 신념, 지각 가능성)으로 특징지으며, 여기서 지각 벡터는 콘텐츠를 나타내는 고차원 임베딩으로 사용된다. 이는 AI가 지식의 '확산'을 조사하고, 이상치나 이상 징후를 식별하며, 자신의 내부 상태에 대해 추론할 수 있는 기반을 제공한다. AI는 이 좌표 시스템을 통해 특정 주제에 대한 지식의 분포를 탐색하고, 불확실한 기억을 식별하며, 직접적인 증거가 부족한 영역을 파악하는 등 고차원적인 지식 탐색을 수행할 수 있다.

또한, 신경-상징적 AI(NSAI, Neurosymbolic AI)는 신경망의 학습 능력과 상징적 규칙 기반 시스템의 명시적 추론을 결합하여 메타 인지를 강화하는 접근법을 제시한다. NSAI는 AI가 자신의 내부 과정을 직접 추론하고, 지식 그래프와 신경망을 결합하여 추론 과정을 설명하는 등, 복잡한 관계를 모델링하고 설명 가능성을 향상하는 데 기여한다(임팩티브AI, 2025; Wei et al., 2024).

요약

AI의 자기 반영 시스템은 인공지능이 스스로 판단의 근거를 설명하고 오류를 조정하며, 인간의 사고에 대한 가설 검증과 실험에 깊은 통찰을 제공한다. AI가 인간 지적 활동 전반의 실험적 모델을 제공함으로써, 우리는 인지 편향 감지, 불확실성 관리, 창의적 문제 해결 등 다양한 분야에서 인간의 능력을 확장하고 보완할 수 있다. 그러나 AI의 메타 인지 통합 연구에는 여전히 도전 과제가 존재한다. 인간 메타 인지에 대한 이론적 이해의 불완전성, 메타 인지 과정 데이터 수집의 어려움, 평가 방법론의 한계 및 인간의 의식, 정서, 사회적 맥락과 AI 시스템 간의 격차 등이 그것이다. 또한 메타 인지적 AI가 인간의 자율성을 보존하면서 효과적으로 지원하는 균형을 찾는 것, AI 시스템의 투명성과 책임성, 사용자 프라이버시 보호 등 윤리적 고려 사항 또한 중요하게 다루어져야 한다. 이러한 도전을 극복하고 윤리적 원칙을 기반으로 발전하는 메타 인지적 AI는 미래에 인간과 AI가 진정한 협력적 파트너로 공생하는 데 기여할 것이다.

참고문헌

임팩티브AI(2025). “기업 의사결정의 신뢰성을 높이는 설명 가능한 AI 프레임워크".
AI 멀티버스 학습포털. "AI와 메타인지 기초". https://www.aipbl.co.kr/360
JackerLab(2025). "AI 윤리(AI Ethics)". ITPE · JackerLab.
Ahn, K. et al.(2023). A Theoretical Understanding of Self-Correction through In-context Alignment. In *Advances in Neural Information Processing Systems 37*. arXiv:2405.18634. https://arxiv.org/abs/2405.18634.
Chege, V.(2025). Exploring AI Consciousness: Will the Emergence of Self-Awareness Lead to a Desire for Autonomy. *ElectroSphere Electr Electronic Eng Bull, 1*(1), pp.1~7.
Cross, D. R. & Paris, S. G.(1988). Developmental and instructional analyses of children's metacognition and reading comprehension. *Journal of Educational Psychology, 80*(2), pp.131~142.
Dionne, T. E.(2025). Cube of Experience: A Metacognitive Framework for AI Self-Reflection. OSF Preprints. https://osf.io/preprints/psyarxiv/pf85d_v1
Efklides, A.(2008). Metacognition: Defining its facets and levels of functioning in relation to self-regulation and co-regulation. *European Psychologist, 13*(4), pp.277~287.
Johnson, S. G. B. et al.(2024). Imagining and building wise machines: The centrality of AI metacognition. arXiv:2411.02478.
Lee, M.(2025). Emergence of Self-Identity in Artificial Intelligence: A Mathematical Framework and Empirical Study with Generative Large Language Models. *Axioms,*

14(1), 44.

Leibig, C. et al.(2017). Leveraging uncertainty information from deep neural networks for disease detection. *Scientific reports, 7*(1), 17816.

Livingston, J. A.(2003). Metacognition: An Overview.

Nonaka, I. & Toyama, R.(2003). The knowledge-creating theory revisited: knowledge creation as a synthesizing process. *Knowledge Management Research & Practice, 1*(1), pp.2~10.

Schunk, D. H. & Ertmer, P. A.(2000). Self-regulation and academic learning: Self-efficacy enhancing interventions. *Handbook of self-regulation*, pp.631~649. Academic Press.

Spiro, R. J. et al.(1991). Cognitive Flexibility, Constructivism, and Hypertext: Random Access Instruction for Advanced Knowledge Acquisition in Ill-Structured Domains. *Educational Technology, 31*(5), pp.24~33.

Tankelevitch, M. et al.(2024). The Metacognitive Demands and Opportunities of Generative AI. CHI '24.

Veisi, O. et al.(2025). AI Ethics and Social Norms: Exploring ChatGPT's Capabilities From What to How. In *Proceedings of the ACM on Human-Computer Interaction, 9*(CSCW), Article 413. https://arxiv.org/abs/2504.18044

Wei, H. et al.(2024). Metacognitive AI: Framework and the Case for a Neurosymbolic Approach. arXiv:2406.12147.

04
자율 제조를 향한 품질 데이터 활용

제조 현장에서 인공지능은 단순히 제품의 불량 여부를 감지하는 것을 넘어, 측정 결과를 바탕으로 생산 조건을 자동 조절하고 최적화하는 단계로 진화하고 있다. 이는 단순 자동화를 넘어선 자율화의 영역이며, 사람의 개입 없이도 공정들이 유기적으로 연결되는 '끊김 없는 자율 제조' 시대의 서막이다. 과연 인공지능이 어떻게 제조 공정의 효율성과 안정성을 혁신하며 미래 산업을 이끌어 갈 수 있을까?

AI와 사주?

AI 기반 제조 공정의 진화

자율 제조란 자동화뿐만 아니라 지능형 생산으로의 전환을 의미하며, 이는 전통적인 생산 활동을 크게 변화시켰다. 특히 인더스트리 4.0은 디지털 기술, 인공지능, 사물인터넷(IoT)의 통합을 통해 효율성과 대량 맞춤 생산에 중점을 두었으며(Ruiz Garcia et al., 2021), 인더스트리 5.0은 이를 넘어 인간-기계 협업, 지속 가능성, 개인화에 초점을 맞춰 기술이 인간의 역량을 강화해야 함을 강조한다. 인공지능은 학습하고 의사 결정을 내릴 수 있는 지능형 기계를 구현함으로써 인더스트리 5.0의 핵심 동력으로 작용한다(Gurrammagari & Boopathy, 2025).

인공지능은 방대한 데이터를 분석하여 패턴을 식별하고, 추세를 예측하며, 인간 작업자가 놓칠 수 있는 통찰력을 제공한다. 이를 통해 수요 예측, 재고 최적화, 생산 계획, 물류 등 공급망 관리(SCM)의 다양한 측면을 개선하며, 전사적 자원 관리(ERP) 시스템 내에서 일상적인 작업을 자동화하고 데이터 분석 및 의사 결정 과정을 향상할 수 있다. 인공지능은 기계 학습(ML), 예측 분석, 로봇 공정 자동화(RPA)와 같은 기술을 활용하여 공급망 운영의 효율성, 정확성, 의사 결정 능력을 크게 높인다(Adenekan et al., 2024).

시간 데이터 기반의 공정 최적화

AI 기반의 제조 공정 최적화는 방대한 고품질의 데이터에 기반한다(Kovalenko et al., 2022). 센서는 진동, 온도, 제품 품질과 같은 다양한 공정 매개변수에 대한 실시간 데이터를 수집하며, 이러한 데이터는 인공지능 모델 학습의 필수 요소다(Koelsch, 2025). 예를 들어, 강판 평탄도 제어와 같은 분야에서는 고속 공정의 특성과 평탄도와 공정 매개변수 간의 비선형성으로 인해 전통적인 제어 방식이 어려움을 겪는다(Deng et al., 2023).

이러한 한계를 극복하기 위해 오프라인 강화 학습(RL)과 같은 데이터 기반 방법이 중요해진다. 온라인 강화 학습이 시뮬레이터와의 상호작용을 통해 정책을 학습하는 반면, 오프라인 강화 학습은 공장에서 미리 수집된 고정된 데이터 세트로부터 정책을 학습한다. 이는 시뮬레이터 사용으로 인한 편향 문제나 실제 시스템과의 '현실 격차(reality gap)' 문제를 줄여 산업 환경에서 더 안전하고 신뢰할 수 있는 정책 배포를 가능하게 한다. 실제 사례 연구에서는 오프라인 강화 학습 기반의 평탄도 제어 방법이 기존의 비례 적분(PI) 제어 방식보다 우수한 성능을 보여, 강판의 평탄도 값을 0에 가깝게 만들고 성능의 안정성을 향상했다(Deng et al., 2023).

또한 디지털 트윈 기술은 AI 기반 제조 공정 최적화의 중요한 축을 이룬다(Sajid, 2024; 김도현 외, 2024; Gurrammagari & Boopathy, 2025). 디지털 트윈은 실제 물리적 대상이나 시스템을 가상 세계에 복제하고 재현하여 모니터링, 분석, 최적화를 가능하게 하는 기술 융합 플랫폼으로 정의된다(김도현 외, 2024). 사물인터넷 센서에서 수집된 데이터를 통합하여 실제 환경의 변화를 가상 환경에 실시간으로 반영하며, 이를 통해 위험 부담 없이 다양한 조건을 시뮬레이션하고 사전 예방적 조정 및 정보에 입각한 의사 결정을 내릴 수 있다. 예를 들어, 사출 성형기 기반의 생산 라인에서 실시간 영상 기반의 AI 감지 기술을 통해 불량품을 검출하고, 예측 보전 및 공정 검사 데이터와 연계하여 불량 발생 예상 지점을 도출하고 알림을 제공하는 시스템이 개발되기도 했다(김도현 외, 2024).

인간-AI 협업과 새로운 가치 창출

인더스트리 5.0은 기술이 인간을 대체하는 것이 아니라 인간의 역량을 강화하는 데 중점을 둔다. 협동 로봇(cobots)은 인간 작업자와 안전하게 협력하여 작업을 수행하며, AI는 이들이 인간의 움직임을 이해하고 예측하여 안전한 작업 환경을 조성하도록 돕는다(Ruiz Garcia et al., 2021; Gurrammagari & Boopathy, 2025; Sajid, 2024). 예를 들어, 자동차 조립 라인에서 협동 로봇은 무거운 부품을 처리하거나 반복적인 작업을 수행하여 육체적 부담을 줄이고 인간이 더 복잡한 활동에 집중할 수 있도록 한다(Sajid, 2024).

인공지능은 작업자 안전을 향상하는 데도 기여한다(김도현 외, 2024; Sajid, 2024). AI 기반의 개인 보호 장비(PPE) 감지 시스템은 작업자가 적절한 안전 장비를 착용했는지 실시간으로 모니터링하고(Sajid, 2024), 위치 추적 기술을 통해 위험 구역 내 작업자의 위치와 상태를 모니터링하여 위험 상황 발생 시 신속한 초기 대응과 상황 전파를 가능하게 한다(김도현 외, 2024). 또한 인공지능은 인간 작업자의 인지적 부담을 줄여 주고, 비부가가치 작업을 자동화함으로써 생산성 향상에 기여한다(Ruiz Garcia et al., 2021; Bourne, 2023). AI는 인간의 "옆에서 안내자(guide-on-the-side)" 역할을 하며 더 나은 의사 결정을 돕고 생산성을 높이며 기존 직원의 역량을 향상할 수 있다(Bourne, 2023). 이는 결과적으로 맞춤형 생산을 용이하게 하고 변화하는 고객 요구 사항과 작업자 선호도에 맞춰 생산 시스템을 동적으로 조정할 수 있게 한다(Ruiz Garcia et al., 2021).

Agentic AI를 통한 공장장급 운영 지능화

자율 제조의 핵심은 단순히 데이터를 많이 수집하는 데 있지 않고, 품질 · 공정 · 설비 데이터를 시간 축으로 연결해 의사 결정에 직접 활용하는 데 있다. 최근 제조 AI는 개별 공정 최적화를 넘어, 공장 전체의 흐름을 관리하는 운영 지능으로 확장되고 있다. 특히 중소 제조 현장에서는 장비 교체 없이 기존 설비와 로봇을 연계하고, ERP · MES · 현장 제어를 하나의 공장 운영 체계로 통합하는 접근이 현실적인 해법으로 부상하고 있다. 이러한 구조에서는 공정 데이터가 단순 기록을 넘어, 작업 지시 생성, 공정 조건 추천, 이상 상황 대응까지 이어지는 지식 순환의 매개체가 된다.

이 과정에서 Agentic AI는 공정 엔지니어와 공장장의 판단을 모사 · 보조하며, 누적된 품질 데이터를 바탕으로 공정 조건을 스스로 조정하는 역할을 수행한다. 디지털 트윈은 이러한 의사 결정을 사전에 검증하는 실험 공간으로 기능하고, Physical AI 기반 로봇과 연계되어 실제 작업 실행으로 이어진다. 결국 자율 제조는 '사람을 대체하는 자동화'가 아니라 데이터를 중심으로 인간 · AI · 설비가 역할을 재분담하는 새로운 제조 운영 방식으로 진화하고 있으며, 품질 데이터는 그 중심에서 공장의 자율성을 떠받치는 핵심 자산으로 자리 잡고 있다.

요약

인공지능은 제조 현장에서 결함 검출을 넘어, 품질과 공정 데이터를 기반으로 생산 조건을 스스로 조정하는 자율 제조 단계로 진입하고 있다. 강화 학습, 디지털 트윈, Physical AI는 개별 공정 최적화를 넘어 공장 단위의 운영 지능을 구현하는 핵심 기술로 작용한다. 특히 Agentic AI 기반의 지식 순환 구조는 품질 데이터를 의사결정과 실행으로 연결하며, 기존 설비를 유지한 채 중소 제조 현장의 무인 · 자율 운영 가능성을 높인다. 인더스트리 5.0 시대의 자율 제조는 인간과 AI의 역할 분담을 통해 생산성과 안정성을 동시에 추구하는 방향으로 발전하고 있다.

참고문헌

강필성(2023). "설명·예측·최적화 가능한 AI기반 스마트 제조 플랫폼". 한국연구재단, 서울대학교 산업공학과 DSBA 연구실. https://scienceon.kisti.re.kr/srch/selectPORSrchReport.do?cn=TRKO202300013293

김도현 외(2024). “디지털 트윈 기반의 지능형 제조공정 통합 모니터링 시스템 개발을 통한 AI 기술 적용방안 연구”. 《한국재난정보학회 논문집》, 20(4), 786~796쪽.

Adenekan, O. A. et al.(2024). Enhancing manufacturing productivity: A review of AI-Driven supply chain management optimization and ERP systems integration. *International Journal of Management & Entrepreneurship Research, 6*(5), pp.1607~1624.

Bourne, A.(2023). Three Ethical Considerations for Manufacturers Investing in Artificial Intelligence. Reliable Plant. IFS.

Deng, J. et al.(2023). Offline reinforcement learning for industrial process control: A case study from steel industry. *Information Sciences, 632*, pp.221~231.

Gurrammagari, D. R. & Boopathy, P.(2025). A Survey on AI Integration into Industry 5.0. *Gazi University Journal of Science, 38*(1), pp.99~113.

Koelsch, J. R.(2025). Striking the Balance: Tailoring Maintenance Strategies for Optimal Efficiency. Automation World.

Kovalenko, I. et al.(2023). Opportunities and Challenges to Integrate Artificial Intelligence into Manufacturing Systems: Thoughts from a Panel Discussion. arXiv:2303.11139. https://arxiv.org/abs/2303.11139

Lee, S.(2025). Revolutionizing Manufacturing with Expert Systems. Number Analytics.

Ruiz Garcia, M. A. et al.(2021). AI-Based Human-Robot Cooperation for Flexible Multi-Variant Manufacturing. IEOM Society.

Sajid, H.(2024). Real-World Use Cases of Generative AI in Manufacturing. Encord Blog.

05
AI 기반 설계 자동화

기계공학 분야는 인공지능 에이전트의 도입으로 혁신적인 변화를 맞이하고 있으며, 설계부터 제조, 운영에 이르는 전 과정에 걸쳐 자동화와 효율성을 극대화하고 있다. 과거에는 인간의 숙련된 지식과 경험에 의존했던 복잡한 공학적 문제들이 이제 AI의 자율적인 판단과 실행 능력으로 더욱 정교하게 해결되고 있다.

AI와 아이돌?

AI 에이전트와 생성형 설계 자동화

최근 대규모 언어 모델의 발전 이후, 인공지능은 단순히 대화를 넘어 실제 작업을 수행하고 자동화하는 방향으로 진화하고 있다. 이러한 흐름에서 등장한 GUI(Graphical User Interface) 에이전트는 데스크톱, 모바일 기기, 웹 브라우저와 같은 시스템과 상호작용할 수 있는 AI 에이전트를 의미하며, 이는 사람이 마우스와 키보드를 사용하는 것처럼 GUI 환경에서 작동한다(엔드플랜, 2024).

기계공학 분야에서는 제너레이티브 디자인(Generative Design)이 AI 기반 설계 자동화의 핵심 방법론으로 부상하고 있다. 제너레이티브 디자인은 설계자가 목적과 제약 조건을 정의하면, AI가 수천, 수만 가지의 위상 최적 설계안을 병렬적으로 생성해 내는 기술이다. 이는 인간이 생각지 못했던 새로운 설계 대안을 자동으로 생성하여, 설계자는 이 중에서 원하는 최적의 설계안을 선택하기만 하면 되는 방식으로 작동한다. 제너레이티브 디자인은 주로 다음과 같은 4단계로 진행된다. 문제 정의 다양화 속성 및 레벨 정의, 각 문제 정의에 따른 위상 최적 설계안 생성, 생성된 설계안 평가 및 최적안 선택, 그리고 마지막으로 선택된 설계안의 3D 프린팅을 통한 출력 및 평가다(강남우, 2019).

이러한 제너레이티브 디자인은 딥러닝의 생성 모델(Generative Models)과 결합하여 더욱 발전하고 있다. 생성 모델은 실제 데이터의 확률 분포를 학습하여 새로운 데이터를 생성하는 딥러닝 기술로, GAN(Generative Adversarial Network)과 같은 모델이 대표적이다. GAN은 생성기와 판별기의 적대적인 학습을 통해 기존 데이터에 없던 새로운 이미지를 무한으로 생성할 수 있다. 생성 모델만으로는 공학적으로 의미 있는 설계안을 생성하는 데 한계가 있지만, 제너레이티브 디자인과 결합하면 서로의 단점을 보완할 수 있다(강남우, 2019).

또한, 가상 제품 개발(VPD, Virtual Product Development)은 제품 개발 기간 단축과 원가 절감을 위해 개념 설계 단계부터 시뮬레이션 기반 설계를 적극적으로 활용하는 것을 목표로 한다. 이때, 설계 변수 변경을 자동으로 반영하는 매개변수화된 모델을 만드는 것이 중요한데, 데이터 기반 메타 모델(Meta Model) 생성 방법이 유용하게 사용될 수 있다. 이러한 시스템은 기존의 규칙 기반 방식의 한계를 넘어, AI가 다양한 공학 설계 상황을 학습하여 최적의 예측 정확도를 제공하는 진정한 의미의 인공지능이다(이용빈 외, 2019).

기계공학 및 산업 분야의 AI 에이전트 응용

기계공학 및 산업 생산 분야에서 AI 에이전트는 알고리즘 제어 소프트웨어 기반 시스템으로서 프로세스를 최적화하고 생산성을 높이며 운영 비용을 절감하는 데 큰 이점을 제공한다. AI 에이전트는 이전에 사람의 개입이 필요했던 복잡한 작업을 효율적이고 정확하게 수행하여, 직원들이 전략적이고 창의적인 활동에 집중할 수 있도록 돕는다(Wolfenstein, 2024). 주요 적용 사례는 다음과 같다.

예측 유지 보수

기계 센서 데이터를 실시간으로 분석하여 임박한 오류 패턴을 식별하고 계획되지 않은 가동 중단 시간을 방지한다. 한국 L사는 정수기 유지 보수에서 센서를 이용한 필터 상태 모니터링 및 스마트폰 시각화 기능을 제공하여 '토탈 케어' 서비스를 구현하고 있다(김정언 · 오현석, 2019).

공급망 최적화

수요 예측, 재고 수준 최적화, 운송 경로 계획을 통해 공급망을 보다 효율적으로 만든다(Wolfenstein, 2024).

로봇공학 및 자동화

AI 제어 로봇은 사전 프로그래밍된 동작을 넘어 독립적으로 학습하고 새로운 작업에 적응하여 유연한 자동화를 가능하게 한다. 한국재료연구원은 AI와 로봇, 실험 장비가 통합된 자율 실험실 '오토노머스 랩'을 구축하여 신소재 개발 기간을 수개월에서 몇 주로 단축하고 있다. AI가 실험 조건을 찾아 주고 로봇이 실험을 수행하며, AI가 결과를 분석하여 다음 실험에 반영하는 순환 최적화 구조를 완성한 것이다(노동균, 2025).

제품 개발 및 디자인

AI 에이전트는 기존 제품 성능, 고객 피드백, 시장 동향 데이터를 분석하여 설계 프로세스에 유입되는 통찰력을 제공하며, 특정 요구 사항을 충족하는 설계 제안을 자동으로 생성하는 생성 설계를 지원한다(Wolfenstein, 2024).

디지털 트윈 및 멀티 에이전트 시스템과의 융합

디지털 트윈은 현실 세계의 물리적 대상을 디지털 환경 내에서 모방하고 동기화하는 가상 시뮬레이션 모델을 의미하며, 인공지능 알고리즘의 테스트베드로 활용되어

무인화 기술 발전을 촉진한다. 특히 건설 기계 무인화 분야에서는 디지털 트윈이 로봇 시스템과 유사하게 비정형 환경에서의 작업을 다루며, 로봇 운영 체제(ROS)와 같은 플랫폼이 널리 사용된다(이연호 외, 2024)

단일 AI 에이전트가 모든 것을 해결하는 방식의 한계가 드러나면서, 여러 AI가 협력하여 복잡한 문제를 해결하는 멀티 에이전트 시스템(MAS, Multi-agent System)이 주목받고 있다. 이는 인간 조직과 유사하게 각 에이전트가 특정 역할과 전문성을 가지고 협력하여 더 나은 결과물을 만들어 내는 방식이다. 건설 분야에서도 다수의 건설 장비들이 협업하여 작업을 수행하는 기술이 필요하며, MAS 개념은 이러한 변화에 유연하게 대처할 수 있는 분산형 시스템 구축에 적합하다. MAS는 에이전트 간의 통신과 조정, 그리고 경로 계획 및 충돌 방지 기능 등을 포함하여 복잡한 현장 작업을 효율적으로 관리한다. KAIST와 다임리서치는 중소기업이 무료로 사용할 수 있는 피지컬 AI 기반 자동 설계 및 분석 설루션을 개발 중이며, 이를 통해 고가 외산 소프트웨어와 전문가 없이도 로봇 및 자동화 설계 시뮬레이션이 가능해질 것으로 기대된다(KDI, 2025).

요약

AI 에이전트는 기계공학 분야에서 설계 자동화 및 산업 생산의 효율성을 혁신하며, 제너레이티브 디자인, 딥러닝 기반 모델, 그리고 가상 제품 개발의 핵심 기술로 자리매김하고 있다. 이들은 예측 유지 보수, 로봇 자동화, 품질 관리 등 다양한 산업 응용 분야에서 핵심적인 역할을 수행하며, 디지털 트윈 및 멀티 에이전트 시스템과의 융합을 통해 더욱 복잡하고 자율적인 문제 해결 능력을 보여 주고 있다. 이는 인공지능이 연구 개발의 도구를 넘어 자율성을 가진 파트너로서 다양한 공학 분야의 전문가로 자리매김할 날이 머지않았음을 시사한다.

참고문헌

강남우(2019). "제너레이티브 디자인과 인공지능 기반 설계 자동화". 《기계저널》, 59(8), 24~28쪽.

김정언·오현석(2019). "공학시스템 상태 파악을 위한 인공지능 센서 네트워크 최적화". 《기계저널》, 59(8), 29~34쪽.

노동균(2025.6.29). "재료硏, AI 기반 전주기 자동화 연구 시스템으로 소재연구 자율화 시대 연다". 전자신문.

손재권(2025.4.18). "AI는 도구, 인간은 전략… 전례없는 창의력 르네상스 온다". 더밀크.

송지혁(2024). "설계 산업의 미래 미리보기: AI가 결합된 AutoCAD".

엔드플랜 Endplan AI(2024). "2025는 AI 에이전트의 해. GUI

에이전트를 알아볼 필요가 있다". YouTube.
이글루코퍼레이션(2024.9.4). "RAG(Retrieval-Augmented Generation): LLM의 한계와 보완 방법".
이연호 외(2024.6). "건설기계 무인화 기술 개발을 위한 디지털 트윈 기술". 《드라이브·컨트롤》, 21(2), 73~76쪽.
이용빈 외(2019). "가상 제품 개발을 위한 인공지능 활용". 《기계저널》, 59(8), 39~42쪽.
카카오클라우드(2024.11.27). "〈지식 사전〉 대화하고 협력하는 AI - 멀티 에이전트 시스템의 원리와 구현".
한국지능정보사회진흥원(2025.1). "AI 에이전트 시대, AI 활용 패러다임 변화".
Goover(2025.5.18). "AI 에이전트 혁명: 비즈니스 응용, 도전 과제, 그리고 미래 전망".
KDI 경제교육·정보센터(2025.6.25). "국내 첫 피지컬 AI 기반 제조 혁신 포럼 개최" 한국과학기술원 홍보실. https://www.kaist.ac.kr/news/html/news/?mng_no=48250&mode=V
Wolfenstein, K.(2024.12.25). "스마트머신: AI 에이전트를 활용한 지능형 기계공학 및 산업: 알고리즘 제어 소프트웨어 기반 시스템". Xpert 사전 출시.
Anumba, C. et al.(2005). *Agents and Multi-Agent Systems in Construction*. Routledge. https://www.routledge.com/Agents-and-Multi-Agent-Systems-in-Construction/Anumba-Ren-Ugwu/p/book/9781138988378
Cheng, M. Y. & O'Connor, J. T.(2009). Collaborative multi-agent systems for construction equipment based on real-time field data capturing. *Journal of Information Technology in Construction, 14*, pp.204~228.

https://www.itcon.org/paper/2009/16
Gheorghe, M. et al.(2024). AI Research Assistant. CEUR-WS.
Goli, V. R.(2025). From clicks to conversations: the rise of conversational UI powered by AI. *Global Journal of Engineering and Technology Advances, 23*(3), pp.82~90.
Ren, Z. & Anumba, C. J.(2004). Multi-agent systems in construction—state of the art and prospects. *Automation in Construction, 13*(3), pp.421~434. https://www.sciencedirect.com/science/article/abs/pii/S0926580503001262

06
인간 친화적 휴머노이드 로봇 개발

인간과 로봇이 자연스럽게 공존하는 미래는 어떤 모습일까? 특히 우리의 일상 공간인 건물과 주거 단지는 어떻게 변화해야 로봇의 잠재력을 최대한 발휘하고 인간의 삶을 풍요롭게 할 수 있을까? 이러한 질문들은 인공지능 기술의 발전과 함께 로봇이 활동하기 좋은 환경을 구축하는 미래 건축의 핵심 과제로 부상하고 있다.

AI와 야구?

로봇 친화형 환경의 필요성과 인간 중심 설계

인간형 로봇, 즉 휴머노이드 로봇은 인간과 유사한 외형과 행동 방식을 갖추고 있어 인간이 생활하고 작업하는 환경에서 효과적으로 활동하도록 설계되었다(딜로이트, 2025). 이러한 로봇이 우리 생활에 통합되기 위해서는 무엇보다 친숙함과 예측 가능성을 제공해야 하며, 이를 위해서는 인간 중심의 생활 환경에 최적화된 인프라 구축이 필수다. 예를 들어, KIST AI 연구소와 홍익대학교 디자인융합전문대학원은 휴머노이드 로봇의 사용자 경험(UX) 디자인과 인간 중심 인터페이스 개발에 초점을 맞춰 공동 연구를 협의하고 있으며(KIST AI 연구소, 2025), 에이로봇(Aei Robot) 또한 HRI(Human Robot Interaction)를 기반으로 로봇의 행동 패턴과 긍정적 사용자 경험을 위한 외형 디자인, 표정, 음성, 제스처를 섬세하게 고려하여 개발하고 있다(에이로봇, n.d.). 이는 로봇이 단순히 기술적 도구를 넘어 우리 삶의 자연스러운 일부로 받아들여지기 위한 중요한 과정이다(최병석, 2023).

미래 로봇 환경 구축을 위한 핵심 기술 및 인프라

로봇 친화형 환경을 구축하기 위해서는 건축물의 물리

적 공간뿐만 아니라 시스템적인 요소들이 유기적으로 연결되어야 한다(김길태 외, 2023). 국토교통부는 스마트+빌딩 기술 개발을 본격화하여, 로봇과 사람이 안전하고 쾌적하게 공존할 수 있는 건축 공간 구현을 목표로 2025년부터 2028년까지 약 180억 원을 투자하는 연구개발(R&D) 과제를 추진하고 있다(국토교통부, 2025). 이 과제는 로봇 친화형 건축물의 설계 및 시공 기술 개발, 다수 · 다종 로봇 지원 시스템 및 건축물 운영 · 관리 기술 개발, 그리고 기술 적용 실증 및 제도 개발이라는 세 가지 중점 과제로 구성된다(국토교통부, 2025). 특히, 공동 주택 내 로봇 배송 서비스 구현을 위해서는 로봇의 정밀한 위치 추적 및 관리 시스템, 안정적인 고속 무선 네트워크(예: 5G 또는 Wi-Fi 6), 엘리베이터 연계 기술, 그리고 충전 인프라와 효율적인 배터리 관리 시스템이 필수다(김길태 외, 2023). 현대엘리베이터는 이미 오픈 API(응용 프로그램 인터페이스)를 통해 LG전자, KT, 우아한형제들 등 60여 개 기업 및 연구 기관 및 개인과 협력하여 엘리베이터와 로봇의 연동을 상용화하고 있으며, 이는 빌딩 관리 시스템(BMS) 등 다양한 IoT 기기와의 확장성을 높이고 있다(현대엘리베이터, 2023).

로봇 서비스의 확장과 법적, 윤리적 고려 사항

휴머노이드 로봇의 발전은 의료, 교육, 서비스, 안전 등 다양한 분야에서 활용 가능성을 넓히고 있다(최병석, 2023; 고경철, 2025). 아파트 단지에서는 택배 배송, 환경 미화, 주차 안내 및 지원, 방재, 화재 및 가스 누출 감지, 건축물 유지 관리, 그리고 청소, 교육, 아동 및 노인 돌봄 서비스까지 표준 서비스로 선정되어 개발되고 있다(정민승 외, 2023). 그러나 이러한 서비스의 확산과 함께 새로운 윤리적, 법적 문제가 제기된다(최병석, 2023). 예를 들어, 로봇 운행 중 발생할 수 있는 사고의 책임 소재(고경철, 2025), 물품 파손에 대한 규정, 그리고 개인정보 보호와 사이버 보안 문제 등이 그것이다. 한국은 '지능형 로봇 개발 및 보급 촉진법' 제정을 통해 로봇의 실외 이동을 허용하고, 운행 안전 인증 및 책임보험 가입 의무화 등의 제도적 기반을 마련하고 있다. 또한 로봇이 사람의 일자리를 얼마나 대체할 것인가에 대한 사회적 질문 또한 심도 있게 고민해야 할 부분이다(고경철, 2025).

국내 연구 기관의 로봇 연구 현황

최근 국내에서도 휴머노이드 로봇의 기술 개발과 실용

화를 위한 정부 · 연구기관 중심의 움직임이 활발하다. 한국기계연구원(KIMM)은 'AI 휴머노이드 글로벌 TOP 전략연구단'을 주도하며, 인간의 신체 능력을 뛰어넘는 범용 지능형 휴머노이드 로봇 개발에 본격 착수했다. 이 연구단은 휴머노이드 표준 플랫폼 개발, 대량의 로봇 데이터 구축을 위한 데이터 팩토리, 핵심 요소 기술 개발을 목표로 하고 있다.

휴머노이드 로봇 전략연구단은 제조업 현장 자동화 기술과 인간-로봇 협업 기술을 결합하는 데 목적이 있다. 로봇의 자율성, 정밀 조작, 인간과의 협력성은 산업 현장뿐 아니라 서비스 · 의료 · 재난 대응 등 복합 환경에서도 활용될 수 있다. 이를 위해 KIMM은 AI 기반 자율 조작, 인간-로봇 협력 기술, 혁신적 설계 기술 등을 연구하는 'AI 로봇 연구소'를 운영하며 차세대 로봇의 핵심 기술을 확보하고 있다. 또한 매년 개최되는 '글로벌 기계 기술 포럼'에서는 휴머노이드 AI · 로봇의 미래 전략과 글로벌 경쟁력을 모색하였는데, 2025년 포럼에서는 국제 전문가들과 함께 휴머노이드 로봇의 산업 · 사회적 역할, 기술적 도전 과제 등을 조명하며 글로벌 협력 방안을 논의하였다.

이처럼 한국기계연구원이 이끄는 글로벌 TOP 전략연

구단은 정책 · 학계 · 산업계를 아우르는 네트워크를 통해 기술 확산과 표준화, 응용 사례 발굴을 추진 중이다.

기술적으로도 로봇 조작에 적용 가능한 AI 기술, 경량 고성능 로봇 손 개발 등 여러 혁신 연구가 진행되고 있다. 예를 들어, KIMM 연구진은 초경량 로봇 의수를 개발하여 정밀한 그립과 형태 적응형 잡기 능력을 확보했으며, 이는 인간형 로봇의 정교한 작업 수행 능력 향상에도 응용될 수 있다. 이러한 요소 기술은 단순 자동화를 넘어 인간과 협력하며 복잡한 작업을 수행할 수 있는 휴머노이드 로봇 상용화를 앞당기는 기반이 된다.

국내 로봇 생태계 전반에서도 'K-Humanoid Alliance' 등 컨소시엄이 구성되어, 부품 · 소프트웨어 · 학계 연구가 결합된 공동 플랫폼 개발이 진행되고 있다. 이 연합은 2030년까지 로봇 무게 60kg 미만, 50개 이상 관절, 2.5m/s 이상 이동 속도 등의 성능을 갖춘 상용 로봇을 목표로 하고 있다(위키피디아, 2025). 따라서 한국형 휴머노이드 로봇은 기술적 기반을 넘어 산업적 확장성까지 확보해 가고 있다.

휴머노이드 로봇이 인간 환경에서 자연스럽게 공존하며 수행 가능한 범위는 지속 확장되고 있다. 기존 제조 중심 자동화에서 벗어나, 일상생활을 보조하는 서비스,

고령화 사회 돌봄, 재난 대응 등 인간 중심 문제 해결에까지 적용 가능성이 커지고 있으며, 이는 로봇 친화적 환경 구축의 필요성을 더욱 부각시키고 있다.

요약

인간 친화적 휴머노이드 로봇의 미래는 기술 혁신, 인간 중심 환경 설계, 제도적 기반이 상호 조화를 이룰 때 비로소 현실화된다. 최근 한국기계연구원을 중심으로 휴머노이드 로봇 개발 전략이 본격 추진되고 있으며, 범용 작업 지능과 자율 성장 AI 기술, 데이터 생태계 구축을 핵심으로 한다. 로봇 친화형 환경 구축을 위한 건축 인프라, 네트워크 기술, 법 · 윤리적 기반 마련과 더불어, 산업 · 사회 전반에서 로봇의 역할과 인간과의 협력을 고려한 통합적 접근이 필수적이다. 단일 기술 차원을 넘어 로봇과 인간이 공존하는 미래는 이제 국내 연구 · 산업체, 정부 간 협력을 통한 실증 단계로 진입하고 있다.

참고문헌

고경철(2025). "휴머노이드 로봇의 '현재와 미래' – 기술, 협업, 그리고 산업적 파급효과". 로봇신문.

국토교통부(2025). "AI 품은 건축물, 이제는 스마트 빌딩 시대… 스마트 빌딩 핵심기술 개발 본격화".

김길태 외(2023). “공동주택 단지 내 로봇배송 구현을 위한 인프라 구축(안) 마련”. 한국토지주택공사 토지주택연구원.
딜로이트(2025). “휴머노이드 로봇 산업 분석”. Deloitte Korea.
에이로봇. https://www.arobot4all.com/
위키피디아(2025), “K-Humanoid Alliance” https://en.wikipedia.org/wiki/K-Humanoid_Alliance
정민승 외(2023). “아파트 단지의 로봇 친화형 환경 인증 모델 개발”. 《지적과 국토정보》, 53(1), 83~105쪽.
최병석(2023). “칼럼 인공지능 휴머노이드 로봇 (4)”. 한국시민프레스.
한국과학기술연구원 AI·로봇연구소(2024.11.6). “KIST-홍익대 업무협약(MOU) 체결”. KIST 보도자료. https://www.kist.re.kr/ko/news/press-release.do?articleNo=15492&mode=view
한국기계연구원(2025.7.22.), “1가구 1로봇 시대' 대비…한국형 .AI휴머노이드 개발 본격 추진”, 동아사이언스 보도자료
현대엘리베이터(2023). “현대엘리베이터, 오픈 API 1년여 만에 기업, 개인으로 빠르게 확산”. 현대그룹 미디어센터.
현대엘리베이터(2024). “엘리베이터와 로봇, 서로 통한 날”. 현대엘리베이터 웹진.

07
물리 환경 기반 인공지능 학습

인공지능이 현실 세계와 직접 상호작용하며 물리적 변화를 만들어 내는 물리적 인공지능의 시대가 눈앞에 다가왔다. 과연 AI가 물리 세계를 이해하고 행동하는 능력을 갖게 되면 우리의 삶과 산업은 어떻게 변화할까? 이는 AI 발전의 궁극적인 미래로 제시되며, 로봇과 자율주행 모빌리티 분야에 혁신적인 전환을 가져올 것으로 기대된다.

AI와 윤동주?

물리적 인공지능의 개념과 핵심 기술

물리적 AI는 물리적 법칙과 데이터 기반 학습을 결합하여 현실 세계를 이해하고 예측하며, 더욱 정확한 결과물을 만들어 내는 AI를 의미한다(최호경, 2025). 이는 단순히 가상 공간에서 콘텐츠를 생성하는 기존의 생성형 AI와 달리, 휴머노이드 로봇이나 공장 장치처럼 현실에서 직접 작동한다는 점에서 차이가 있다. 엔비디아(NVIDIA)의 젠슨 황(Jensen Huang) 최고경영자(CEO)는 물리적 AI를 로봇 및 자율주행 모빌리티 발전에 필수적인 기반이 될 것이라고 강조했다(한종목 · 김은지, 2025).

이러한 물리적 AI를 이끄는 핵심 기술 중 하나는 물리정보 신경망(PINN, Physics-Informed Neural Network)이다. 일반적인 신경망이 데이터에만 의존하는 반면, PINN은 유체역학, 전자기학 같은 물리 법칙을 신경망 학습에 도입하여 기존 수치 해석 기법의 한계를 극복하고 학습 및 추론 시간을 단축한다(문기효, 2023). 또한, 엔비디아가 제시한 월드 파운데이션 모델(WFM, World Foundation Model) '코스모스(Cosmos)'는 2천만 시간 분량의 영상을 학습하여 실제 환경에 가까운 가상 세계와 물리 현상을 재현하며, 로봇 AI 모델 훈련에 필요한 시간과 자본을 크게 줄일 수 있다. 코스모스는 엔비디아의 디지털 트윈 플랫폼인 옴니버스(Omniverse)와 결합하여 실제와 같은 물리 엔진과 가상 공간을 제공, 산업 환경의 시뮬레이션을 통해 최적의 운영 방안을 찾을 수 있도록 돕는다. 이러한 기술 혁신의 중심에는 엔비디아의 차세대 GPU '블랙웰(Blackwell)' 아키텍처와 AI 소프트웨어 기반 그래픽 성능의 새로운 패러다임을 제시하는 DLSS 4와 같은 GPU 기술의 진화가 있다(한종목 · 김은지, 2025; 이슬아, 2025).

물리적 인공지능이 가져올 변화

물리적 AI의 발전은 여러 분야에서 혁명적인 변화를 가져올 것이다. 특히 로보틱스 분야에서는 로봇이 물리적 역학을 이해하고 '행동'을 수행하는 AI 로봇의 보편화를 이끌며, 휴머노이드 로봇 시장은 2035년까지 380억 달러 규모로 성장할 것으로 전망된다. 엔비디아의 아이작 GR00T(Isaac GR00T)와 같은 툴체인은 합성 데이터 기반 훈련을 통해 로봇 학습 비용을 절감하여 이러한 발전을 가속화하고 있다(한종목 · 김은지, 2025).

자율주행 기술 또한 물리적 AI를 통해 크게 고도화할 것이다. 자율주행 차량은 미세한 환경 변화나 도로 상태 데이터를 감지하여 더욱 정교한 주행 결정을 내릴 수 있게 된다(김진형, 2025). 엔비디아의 차세대 차량용 프로세서 '토르(Thor)'는 방대한 센서 데이터를 처리하며 자율주행차의 두뇌 역할을 수행하고, 옴니버스와 코스모스를 통한 합성 데이터 생성은 자율주행차 학습에 필요한 수십억 마일의 데이터를 안정적으로 공급할 수 있다(한종목 · 김은지, 2025).

이 외에도 공장, 물류, 도시 환경 등의 디지털 트윈 구현을 통해 생산성 극대화와 최적의 운영 방안을 도출할 수 있으며, 포트웰과 같은 기업들은 에지 AI 플랫폼을 통해 실시간 데이터 분석 기반의 지능형 의사 결정을 지원한다. 이러한 AI 및 로봇 기술의 산업 적용은 주요 선진국의 노동 생산성을 크게 향상하고, 다양한 산업의 수익성을 평균 38%까지 증가시킬 잠재력을 가지고 있다.

미래 전망과 고려 사항

물리적 AI의 발전은 기술 수준이 기하급수적으로 증가하는 '특이점(singularity)' 도래에 대한 논의를 촉발한다. 특히, 물리적 AI가 인간의 생물학적 한계를 뛰어넘는 감각 및 분석 능력을 통해 인간이 미처 알지 못하는 새로운 지식을 스스로 만들 가능성이 주목된다. 이는 물리적 AI의 행동과 결정을 인간이 제대로 이해하거나 예측할 수 없게 될 수 있다는 우려를 낳는다. 자율주행 차량의 돌발 상황 처리나 로봇의 의도치 않은 행동은 윤리적, 법적, 사회적 문제를 넘어 인간 생존과도 직결될 수 있다. 따라서 인간과 물리적 AI가 공존하는 사회를 위해서는 기술 발전뿐만 아니라 사회적 합의, 윤리적 프레임워크 구축, 그리고 AI의 결정 과정을 인간이 이해할 수 있도록 하는 '설명 가능한 AI(Explainable AI)' 연구가 필수다(김진형, 2025).

최근 1년간 피지컬 AI 기술 동향

최근 1년간 물리 환경 기반 인공지능 학습은 단순한 시뮬레이션 수준을 넘어, 실제 물리 시스템과의 폐루프(closed-loop) 학습 단계로 진입하고 있다. 특히 로봇과 자율 시스템 분야에서는 센서 입력, 제어 명령, 환경 반응이 실시간으로 순환되는 구조에서 AI가 스스로 정책을 수정·보완하는 방식이 빠르게 확산되고 있다. 이는 기존의 사전 학습(pre-training) 중심 AI와 달리, 현장 적응형 학습(on-site adaptive learning)을 가능하게 한다는 점에서 중요한 전환점으로 평가된다.

또한 물리적 AI 학습은 강화 학습(RL)과 물리 모델의 결합을 통해 샘플 효율성(sample efficiency) 문제를 크게 개선하고 있다. 실제 환경에서의 시행착오는 비용과 위험이 크기 때문에, 최근에는 고정밀 물리 엔진 기반의 디지털 트윈에서 정책을 사전 학습한 뒤, 이를 현실 세계에 이전하는 시뮬레이션-투-리얼(Sim-to-Real) 전략이 표준 접근법으로 자리 잡고 있다. 이 과정에서 PINN, 미분가능 시뮬레이터, 그리고 대규모 합성 데이터 생성 기술이 핵심적인 역할을 수행한다.

제조 및 공정 분야에서도 물리 환경 기반 AI 학습의 적용이 본격화되고 있다. 설비 진동, 열 분포, 마찰 및 마모와 같은 물리적 상태 변수를 AI 학습에 직접 반영함으로써, 단순한 이상 감지 수준을 넘어 원인 기반 예측과 제어 최적화가 가능해지고 있다. 이는 기존 데이터 기반 AI가 겪었던 '설명 불가능성' 문제를 완화하고, 엔지니어의 도메인 지식과 AI 모델을 효과적으로 결합하는 방향으로 진화하고 있음을 보여 준다.

나아가 최근 연구들은 물리적 AI를 단일 모델이 아닌 다중 에이전트 시스템으로 확장하고 있다. 로봇 군집, 자율 물류 시스템, 스마트 공장에서는 개별 AI가 독립적으로 학습하는 것이 아니라, 공통의 물리 환경 안에서 상호작용하며 집단 지능을 형성한다. 이러한 접근은 복잡한 산업 현장에서 발생하는 예외 상황과 비정형 문제에 대한 대응력을 크게 높일 수 있다는 점에서 주목받고 있다.

결과적으로 물리 환경 기반 인공지능 학습은 단순히 '현실을 모사하는 AI'를 넘어, 현실을 이해하고 스스로 적응하며 진화하는 AI로 발전하고 있다. 이는 향후 로봇, 모빌리티, 제조, 에너지, 국방 등 물리 시스템이 핵심이 되는 모든 산업에서 AI 활용의 기준을 근본적으로 재정의할 것으로 전망된다.

요약

최근 물리 환경 기반 인공지능 학습은 데이터 중심 AI의 한계를 넘어 물리 법칙, 시뮬레이션, 그리고 실제 환경과의 상호작용을 통합하는 방향으로 빠르게 진화하고 있다. PINN, 디지털 트윈, 월드 파운데이션 모델과 같은 기술은 AI가 현실 세계를 보다 정확히 이해하고 행동하도록 만드는 핵심 기반이 되고 있으며, 최근에는 페루프 학습과 다중 에이전트 구조를 통해 실제 산업 현장 적용 가능성도 크게 높아지고 있다. 이러한 흐름은 AI를 단순한 도구가 아닌 '현실 시스템의 동반 지능'으로 자리매김하게 만들 것이며, 동시에 윤리 · 안전 · 책임성에 대한 사회적 논의와 제도적 준비의 중요성 또한 더욱 커질 것이다.

참고문헌

김우겸(2025). "[AW 2025] 포트웰, 산업용 임베디드 시스템 및 엣지 컴퓨팅 솔루션 전면에 내세워". 산업일보

김지웅(2025). "[CES 2025] 현대차그룹-엔비디아, 전략적 파트너십… AI·로봇 활용 모빌리티 혁신". 전자신문.

김진형(2025). "[카이스트 김진형 교수님의 AI이야기] 다가오는 물리적 AI 혁명, 준비가 시급하다". 마크애니.

문기효(2023). "AI 기반 물리 정보 신경망을 이용한 시뮬레이션". 삼성 SDS.

심재석(2024). "[그게 뭔가요] 물리학과 AI가 무슨 상관이길래, 노벨상을?". 바이라인네트워크.

이슬아(2025). "'밋밋한' 기조연설로 투자자 실망시킨 젠슨 황". 주간동아.

이창원(2025). "스마트공장 혁신 중인 스타트업… 로봇 센서부터 AI솔루션까지". 시사저널e.

최호경(2025). "[뉴스 속 용어] 생성 AI 넘어 '물리 AI' 온다". 아시아경제.

키움증권(2025). "CES 2025 리뷰, Al Phase 2: Monetization". https://bbn.kiwoom.com/rfCI5226.pdf

하자혜(2025). "[CES 2025] 엔비디아 젠슨 황 키노트로 본 미래 기술 (핵심 요약)". 모두의연구소.

한종목·김은지(2025). "사다리를 걷어차는 AI, 천재를 삼키는 거인." 《AI Weekly》. 미래에셋증권 리서치센터. https://securities.miraeasset.com/bbs/download/2137164.pdf?attachmentId=2137164

Reddit(2025). HAPPENING NOW: NVIDIA CEO Jensen Huang Keynote at CES 2025.

UniScribe(2025). Transcript of NVIDIA CEO Jensen Huang

Keynote at CES 2025.
https://uniscribe.co/share/5dce51d2-9438-474e-8f3a-25418f06a1f6

08
목적성 있는 데이터 수집과 기준

인공지능 시스템의 성능과 정확도는 고품질 데이터의 확보 여부에 크게 좌우된다. 데이터는 AI 모델의 학습과 평가의 기반이 되며, 데이터의 양과 품질은 예측 정확도에 직접적인 영향을 미친다.

AI와 한의학?

AI 데이터의 중요성 및 특성

인공지능 시스템의 성능과 정확도는 고품질 데이터의 확보 여부에 크게 좌우된다. 데이터는 AI 모델의 학습과 평가의 기반이 되며, 데이터의 양과 품질은 예측 정확도에 직접적인 영향을 미친다. 또한 목적에 맞는 데이터는 접근성(Accessible), 신뢰성(Believable), 완전성(Comprehensive), 무결성(Data Integrity)을 갖춰야 한다. 데이터 무결성은 데이터가 생성부터 보관, 폐기에 이르기까지 전 생애 주기 동안 정확하고 일관되며 신뢰 가능한 상태를 유지하는 것을 의미하며, 특히 의약품 제조 및 품질 관리와 같은 분야에서 제품 품질과 환자 안전을 보장하는 데 필수다. ALCOA+ 원칙(Attributable, Legible, Contemporaneous, Original, Accurate, Complete, Consistent, Enduring, Available)은 데이터 품질 보장의 표준이다.

데이터 수집 및 품질 관리 과제

AI 모델 훈련을 위한 데이터 수집에는 웹 스크래핑, API 활용, 센서 데이터, 공개 데이터 세트 사용 등 다양한 방식이 있다. 그러나 AI 크롤러에 의한 과도한 데이터 수집은 인프라 과부하(예: 위키미디어 재단 사례)를 야기할 수 있으며, 저작권 문제, 웹사이트 이용 약관 준수, 개인 정보 보호와 같은 윤리적, 법적 측면을 충분히 고려해야 한다.

현실 세계의 데이터 세트는 작고, 오염되거나, 편향되어 있으며 심지어 중독될 수도 있다. 특히 데이터 편향성은 생성형 AI에서 심각한 문제로 부각되는데, 이는 AI가 편향된 학습 데이터로부터 고정 관념이나 특정 성향을 학습할 수 있기 때문이다. 또한 데이터 중독은 악의적인 의도로 훈련 데이터의 일부를 변경하여 모델의 행동을 달라지게 할 수 있는 심각한 문제다. 이러한 문제들로 인해 AI 연구 진행 속도가 지연될 수 있다.

해결 방안 및 모범 사례

고품질의 AI 데이터 확보를 위해 다음과 같은 노력이 필요하다.

데이터 전처리 및 균형 유지

학습 데이터의 분포를 고르게 하고 특정 그룹이나 특성에 치우치는 경향을 줄여야 한다.

다양성 있는 학습 데이터 수집

다양한 출처와 사람들에 의해 만들어진 학습 데이터를 사용하여 AI 모델이 여러 관점을 학습하고 일반화하는 데 도움을 줄 수 있다.

데이터 정리 및 검증

데이터는 수집 후 정제와 전처리 과정을 거쳐 결측값, 중복값, 노이즈를 식별하고 제거해야 한다. 데이터 시각화는 데이터를 검증하는 효과적인 방법이다.

데이터 증강

소량의 학습 데이터만으로도 우수한 결과를 얻기 위해, 학습 데이터에 실제 다양한 환경이나 특성을 반영할 수 있도록 데이터를 변형해 늘리는 기술이 중요하다.

견고하고 공정한 모델 훈련

잡음이 있거나 편향된 데이터를 다루기 위해 모델 훈련 과정에서 견고성 및 공정성 기술을 통합하여 적용해야 한다.

데이터 거버넌스 및 보안 강화

민감한 의료 데이터를 기관 내부에서 안전하게 처리할

수 있는 온프레미스 AI 플랫폼 도입과 같은 보안 강화 조치가 필요하며, 데이터 거버넌스를 통해 데이터의 품질, 무단 접근, 불투명한 근거, 시점 및 출처에 따른 데이터 불일치 등의 문제를 해결하여 AI 에이전트의 정확도와 보안을 확보할 수 있다. 개인정보보호위원회는 AI 프라이버시 리스크 관리를 위한 모델을 제시하고 있으며, 기술적 · 관리적 안전성 확보 조치를 통해 리스크를 최소화할 것을 권고한다.

AI 데이터 파이프라인과 스토리지의 중요성

AI 데이터 파이프라인은 AI 사용 사례를 지원하는 데이터 파이프라인으로, 데이터의 수집, 정리, 처리, 저장 및 분석 과정을 포함한다. 이 파이프라인에서 데이터 패킷은 수집, 정리, 탐색, 훈련, 배포의 처리 단계를 거친다. AI 알고리즘 혁신을 위해 스토리지는 다양한 액세스 패턴에 대해 균일한 성능을 제공하고 용량과 성능을 쉽게 확장할 수 있는 역량을 제공해야 한다. 단일 공유 스토리지 플랫폼은 데이터 복사 없이 수명 주기 전반에서 조율 지점을 생성하여 효율성을 높인다.

산업별 적용 사례

의료

N 의료 연구 기관은 슈퍼브에이아이의 AI 플랫폼을 도입하여 내시경 이미지 자동 레이블링 효율을 수십 배 향상하고, 종양 탐지 정확도를 높였다. 이를 통해 의료 이미지 분석 시간을 단축하고 환자 진단 및 치료 결과 개선에 기여했다.

제조

AI 기반 빅데이터 분석은 생산 공정 최적화, 품질 관리, 예측 유지 보수, 이상 탐지 및 공급망 최적화 등 다양한 영역에서 활용된다. 예를 들어, 마키나락스(Makinarocks)는 산업용 모터 예지 보전, 수요 예측 기반 재고 최적화, 생성형 AI를 활용한 타이어 디자인 자동 생성, 공정 제어 AI 에이전트, 폐쇄망 기반 sLM 챗봇 등을 통해 제조 현장의 실질적인 성과를 내고 있다. 베스핀글로벌(Bespinglobal)은 제조 데이터 통합 및 분석 플랫폼, 예측 유지 보수 시스템 구축 등을 통해 제조업의 효율성과 품질 향상을 지원한다.

국제 표준화 동향

AI 기술의 급진적인 발전과 함께 규제와 관리의 필요성이 증가하면서 AI 국제 표준화의 중요성이 강조되고 있다. ISO/IEC JTC 1/SC 42는 AI 분야의 국제 표준화 작업을 수행하며, 데이터 품질, 성능 측정, 투명성, 기능 안전성, 편향 처리, 윤리적 고려 사항 등 AI 기술의 성숙도와 활용도 증가에 따른 문제 해결을 위한 표준을 개발하고 있다. 특히 데이터 품질 분야를 포괄적으로 표준화하고 있으며, 구체적인 구현 기술보다 거버넌스 및 가이드라인에 초점을 맞추고 있다. 한국도 이러한 국제 표준화 활동에 적극적으로 참여하고 있다.

참고문헌

과학기술정보통신부·한국지능정보사회진흥원(2023). "인공지능 학습용 데이터 품질관리 가이드라인 및 구축 안내서 v3.0".

개인정보보호위원회(2024). "인공지능(AI) 개발·서비스를 위한 공개된 개인정보 처리 안내서".

김란영(2025). "제조 AI 사례 모음.zip". MakinaRocks. https://www.makinarocks.ai/ai-in-manufacturing-cases/

라온피플(2019). "[전문가 기고] 학습 능력 높이는 데이터 증강 기술". 헬로티.

베스핀글로벌. "제조 AI 빅데이터 분석". https://www.bespinglobal.com/manufacturing-ai-bigdat

a-solution/
보안뉴스(2025). “[잇슈칼럼] AI 시대의 효과적인 개인정보보호와 프라이버시 리스크 관리 방안”.
슈퍼브에이아이 블로그(2024). “생성형 AI와 데이터 편향성 문제: 데이터 편향이란 무엇이며 어떻게 해결할 수 있을까?”.
슈퍼브에이아이 블로그(2025). “AI 기반 내시경 종양 분석: N 의료 연구기관의 성공 사례”.
신재형(2024). “인공지능(AI) 학습데이터의 수집 및 이용에 대한 규제”. 서울대학교 박사학위논문.
알체라(2024). “AI 데이터 구축을 위한 데이터 라벨링이란?”.
엔코아(2025). “[인터뷰] ‘AI 레디 데이터’ 빼대 따라 AI 에이전트 살 붙여야 AIX 혁신 가능”.
이미경 외(2023). “연구데이터 생태계 지원 통합 인프라 구축 방안. 《KISTI 이슈브리브》, 56.
임대준(2023). “허락 없이 AI 학습에 사용한 데이터… ‘저작권’ 문제 현안 부각”. AI타임스.
정한영(2025). “[AI 이슈] AI 크롤러로 과도한 데이터 수집… 위키미디어, 인프라 심각한 압박 직면”. AI타임스.
제약회사 실전 GMP 가이드(2025). “[DI 기초_01] 데이터 무결성(DI)의 개념과 실무적 중요성 깊이 이해하기”. https://gmpedu.tistory.com/entry/data-integrity-basic-concept
타일러 미첼(2025). “NoSQL 시스템의 데이터 무결성을 보장하는 방법”. Couchbase 블로그.
한국표준협회(2025). “TC동향보고서-Technical Committee Trend Report(전기전자: JTC1/SC42 인공지능)”. https://cosd.ksa.or.kr/CONFIG/path_down.php?file1=COSD_20241113181114.pdf&file2=TC%EB%8F%99%ED%96%A5_%EC%A0%84%EA%B8%B0%EC%A0%84%

EC%9E%90_%ED%95%9C%EA%B5%AD%ED%91%9C%EC%A4%80%ED%98%91%ED%9A%8C_JTC1SC42.pdf&p=/home/cosd/cosd_upload/NEWS/

CalmBeforeStorm(2023). "논문리뷰 : 딥러닝에서 데이터 수집 및 품질 문제". 브런치.

Mucci, T.(2024). "예측 AI란 무엇인가요?". IBM.

Robinson, J.(2024). "AI 데이터 파이프라인이란 무엇이고, 왜 스토리지가 중요할까요?". Pure Storage 블로그.

think-something(2024.). "데이터 수집 가이드: 머신러닝 프로젝트의 첫걸음". 티스토리.

09
기계 분야의 연구 개발 방식 전환

급변하는 현대 사회에서 기업의 생존을 좌우하는 핵심 요소로 '애자일' 방법론이 부상하고 있다. AI가 산업 전반에 도입되고 소프트웨어가 모든 분야로 확산하면서, 애자일은 조직의 민첩성과 혁신을 이끄는 중요한 경영 철학으로 자리 잡았다. 애자일의 본질과 전통적인 워터폴 방식과의 차이점, 그리고 다양한 산업에서 애자일이 어떻게 적용되고 있는지 심층적으로 분석한다.

AI와 화장품?

애자일 경영의 본질과 워터폴 방식의 한계

애자일은 '민첩한', '기민한'이라는 뜻처럼, 빠르게 변화하는 고객의 요구 사항과 시장 환경에 탄력적으로 대응하는 개발 방법론이다(코드스테이츠, 2023). 그 핵심 철학은 작은 시도부터 과감히 시작하고, 실패를 통해 위험을 최소화하며, 고객과 적극적으로 소통하여 요구 사항을 신속하게 반영하는 것이다(SK하이닉스, 2020). 주요 기능을 빠르게 개발하여 사용자에게 제공한 뒤, 지속적인 피드백을 통해 전체 시스템의 품질을 점진적으로 개선해 나가는 방식으로 개발이 이루어진다. 하버드 비즈니스 리뷰는 오늘날의 애자일을 불확실성을 기회로 전환하고 지속적인 학습을 통해 적응하는 조직 문화의 근간으로 정의하기도 했다.

반면, 기존의 워터폴(Waterfall) 개발 방식은 프로젝트의 모든 개발 방향과 범위를 사전에 구체적으로 정한 뒤, 정해진 일정에 따라 순차적으로 개발을 진행하는 방식이다. 요구 사항 정의부터 디자인, 개발, 테스트, 배포에 이르는 각 단계가 폭포처럼 위에서 아래로 떨어지듯 진행되며, 이전 단계가 완료되어야 다음 단계로 넘어갈 수 있다. 기능 구축에 최적화된 방법론이지만, 개발 시작부터 결과물이 나오기까지 9개월에서 1년 이상 소요

될 수 있어 급변하는 시장 속도에 대응하기 어렵다는 한계가 명확하다(SK하이닉스, 2020). 또한 초기 단계에서 분석한 현업의 요구 사항이 전부 반영되지 못하면 최종 결과물의 품질이 저하되거나 심지어 개발된 시스템이 사장되는 문제점도 있다. 이러한 경직성 때문에 1990년대 이후 인터넷 기술 발달과 함께 고객 요구가 빠르게 변화하면서 워터폴 방식의 한계가 드러나기 시작했고, 이에 대한 대안으로 애자일이 부상하게 된 것이다(코드스테이츠, 2023).

애자일 도입의 성과와 유형

애자일 방식 도입은 여러 긍정적인 효과를 가져왔다. SK하이닉스의 경우, 애자일 적용 과제 19건을 통해 구성원 요구 사항 처리량이 3.41배 증가하고, 서비스 구축 기간이 기존 방식 대비 평균 32% 단축되었다. 회의 등 커뮤니케이션에 필요한 시간도 크게 줄었으며, 개발된 서비스에 대한 구성원 만족도가 매우 높았다. 특히 개발 과정에서 실제 사용자와 지속적으로 피드백을 주고받으면서 최종 결과물의 품질을 일정 수준 이상 확보할 수 있었다. 짧은 배포 주기를 통해 현업의 신뢰도를 높였으며, 개발 TAT(Turn-around Time)를 워터폴 방식 대비 평균 25%

단축하고 현업의 요구 사항에 4배 더 많이 대응하여 품질을 향상했다(SK하이닉스, 2020).

SK하이닉스는 업무와 과제 특성에 맞춰 애자일 방식을 세 가지 유형으로 구분하여 적용했다(SK하이닉스, 2020).

Pure: 모든 업무 프로세스에 애자일 방식을 적용하는 것으로, MVP(Minimum Viable Product, 사용자가 필요로 하는 핵심 기능만 최소한으로 구현한 제품)를 개발하여 시연하고 피드백을 받아 지속적으로 개선하는 과정을 일정 기간(스프린트) 반복한다. 초기 요구 사항이 명확하지 않은 프로젝트에 적합하다.

Hybrid: 기존 WBS(Work Breakdown Structure) 방식과 애자일 방식을 혼용하는 형태로, 배포 시점과 개발 일정이 정해져 있는 과제에 주로 사용된다. 프로토타입을 통한 현업과의 정확한 의사소통이 가능하며, 회의 시간을 줄이고 작업 시간을 확보하는 데 기여했다(SK하이닉스, 2020).

Ad-hoc: 애자일 도구나 방법론, 마인드셋 중 적용 가능한 일부 요소만 도입하는 방식이다. 예를 들어, 칸반 보드(Kanban

Board)를 활용하여 업무 현황을 시각화함으로써 작업 지시 누락을 줄이고 업무 효율을 높였다(SK하이닉스, 2020).

제조업의 애자일 전환과 과제

애자일은 소프트웨어 개발을 넘어 금융, 제조, 헬스케어, 공공 서비스 등 거의 모든 산업으로 확산되었다. 제조업 분야에서도 세계 최대 토마토 가공 회사인 모닝스타가 '자율 관리' 철학을 통해 애자일 목적을 구현하는 등 성공 사례가 나타나고 있다. 특히 자동차 산업은 소프트웨어의 중요성이 높아지면서 '소프트웨어 중심 자동차(SDV)'로의 전환이 가속화하고 있으며, 이는 애자일 개발로의 전환을 필요로 한다(노무라종합연구소, 2022). 테슬라는 중앙 집중식 아키텍처와 OTA(Over-The-Air) 업데이트를 통해 소프트웨어 중심의 비즈니스 모델을 구축하여 구독 기반의 OPEX형(운영 비용) 수익을 창출하고 있다. 현대자동차그룹 또한 2025년까지 모든 차종을 SDV로 전환하고 OTA 소프트웨어 업데이트를 기본 적용하는 등 소프트웨어 역량 강화에 대규모 투자를 진행하고 있다.

그러나 애자일로의 전환은 많은 기업에게 도전적인 과제다. 특히 일본과 같은 전통적인 제조업 강국은 노동

인구 감소, 생산 설비 노후화, 최신 생산 기술 부족, IT 인력 부족, 그리고 낡은 레거시 시스템(legacy system)으로 인해 디지털 전환에 어려움을 겪고 있다. 일본은 신기술 수용에 보수적이며, 의사 결정 과정이 느리고, 높은 품질 요구와 디테일한 맞춤형 서비스를 중시하는 '시간 투자형 시장'의 특성을 보인다(KOTRA, 2024). 이러한 환경에서 일본 기업들은 애자일 개발 문화와 인재 양성이 부족하며, 기존의 워터폴 개발 방식과 애자일 방식을 어떻게 적절히 혼용할지가 큰 과제다.

새로운 시대의 애자일 전략과 미래

성공적인 애자일 전환을 위해서는 점진적 변화, 리더십의 강력한 지원, 투명한 성과 지표 설정, 지속적인 교육과 코칭, 그리고 실패로부터 학습할 수 있는 안전한 환경 조성이 중요하다. 특히 자동차 제조업과 같이 하드웨어와 소프트웨어가 밀접하게 얽힌 산업에서는 '코어(Core)'와 '논코어(Non-Core)' 영역을 구분하여, 핵심 영역에는 애자일 개발과 내재화를 추진하고, 비핵심 영역에는 워터폴 방식과 외부 파트너를 활용하는 유연한 접근이 필요하다. 또한 고객 피드백을 서비스 기획에 반영하고, 공급망 내 다양한 이해관계자들과 협력하며 새로운 가치를 창출하는 것이 중요하다(노무라종합연구소, 2022).

애자일 경영은 이제 단순한 방법론을 넘어, 복잡한 환경에서 집단 지능을 활용하는 조직 운영의 기본 원칙이 될 것이다. AI 기술과의 결합은 실시간 데이터 분석을 통한 초고속 실험과 검증을 가능하게 하며, 기업 내부를 넘어 고객, 파트너, 심지어 경쟁사와의 관계에까지 적용되는 '에코시스템 애자일'로 확장할 것으로 전망된다. 이러한 변화를 통해 기업은 불확실성을 기회로 전환하고 지속 가능한 성장을 위한 기반을 마련할 수 있을 것이다

요약

애자일 경영은 급변하는 디지털 시대에 기업이 생존하고 번영하기 위한 필수 전략이다. 워터폴 방식의 한계를 극복하고 빠른 시장 대응력, 고객 중심 가치 창출, 혁신 문화를 조성하는 애자일은 SK하이닉스와 같은 기업에서 이미 긍정적인 성과를 보여 주었다. 하지만 일본과 같은 전통 산업에서는 문화적 보수성, 레거시 시스템 등의 도전 과제에 직면하고 있으며, 이를 극복하기 위한 새로운 전략과 사고방식의 유연한 전환이 요구된다. 결국, 소프트웨어와 하드웨어의 균형, 그리고 끊임없이 배우

고 시도하는 애자일의 정신이 미래 기업 경쟁력의 핵심이 될 것이다. 아직까지 많은 기업이 애자일 전환 과정에서 문화적 장벽과 기존 시스템과의 조화라는 난제에 부딪히고 있지만, 인공지능이 장착되는 기계들은 전통적인 워터폴 방식에서 애자일 방식으로의 전환을 피할 수 없을 것이다.

참고문헌

김민경(2025). "[인사이트] 디지털 시대의 애자일 경영 전략: 기업 생존의 7가지 핵심 요소". 코리아비즈니스리뷰.

노무라종합연구소(2022). "변화하는 자동차 제조".

이광호(2023). "[23년 03월 칼럼] 글로벌 산업기기 제조기업에서의 AGILE 적용 경험". PMI 한국챕터.

신윤오(2025). "현대車, 2025년까지 전 차종 'SDV' 전환". AEM.

코드스테이츠(2023). "애자일과 워터폴 방법론 비교: 정의, 차이, 장단점, 적합한 조직". https://www.codestates.com/blog/content/%EC%95%A0%EC%9E%90%EC%9D%BC%EB%B0%A9%EB%B2%95%EB%A1%A0-%EC%9B%8C%ED%84%B0%ED%8F%B4%EB%B0%A9%EB%B2%95%EB%A1%A0

한국딥러닝(2025). "제조업 AI 활용 트렌드… 제조 AI가 생산성 혁신과 품질 향상 주도".

KOTRA(2024). "일본 디지털 전환(DX) 전략과 새로운 진출 기회".

SK하이닉스(2020). "SK하이닉스와 애자일(Agile)의 만남, 일방혁이 일방혁을 이끈다" SK하이닉스 뉴스룸.

https://news.skhynix.co.kr/meeting-of-sk-hynix-and-agile/

Subramaniam, V. & Hunt, A.(2006). *Practices of an Agile Developer*. Pragmatic Bookshelf. 신승환·정태중 옮김(2007). 《애자일 프랙티스》. 인사이트.

10
기계 산업과 AI

인공지능은 마치 과거 증기 기관이 산업 혁명을 이끌었던 것처럼, 미래를 이끄는 새로운 동력으로 주목받고 있다. 그러나 세상을 실제로 변화시킨 것은 증기 기관 그 자체가 아니라, 그것을 구체화한 증기 기관차나 증기 기관선과 같은 물리적 구현체들이었다. 인공지능의 가능성은 알고리즘만으로는 실현될 수 없으며, 실제 작동하는 물리적 매개체를 통해 비로소 현실 세계에 영향을 미친다. 그렇다면 오늘날 인공지능이라는 새로운 엔진이 사회 전반에 실질적인 변화를 가져오기 위해 기계공학은 어떤 역할을 수행하고 있을까?

종교와 AI?

인공지능과 기계공학의 융합 및 혁신적 중요성

역사적으로 볼 때, 증기 기관은 인류 역사의 흐름을 바꾼 결정적인 발명이었지만, 당시 사회 구조 전체를 혁신하지는 못했다(주경철, 2011). 스코틀랜드 출신 기계공 제임스 와트(James Watt)는 기존 뉴커먼 기관이 열 손실이 많다는 문제점을 인식하고, 분리 콘덴서를 발명하여 열 효율을 획기적으로 높였다(위키백과, 제임스 와트, n.d.). 와트는 여기서 멈추지 않고 회전 운동을 하는 증기 기관을 개발하여 방직 공장 등에서 사용할 수 있도록 변화시켰으며, 조속기 등을 발명하며 지속적인 혁신에 매진했다. 이러한 노력은 증기 기관을 보편적인 동력원으로 만들며 산업 혁명을 촉발하는 데 기여했다. 이처럼 인공지능 시대에는 단순히 새로운 기술을 발명하는 것을 넘어, 기존 기술을 개량하여 생산성을 향상하고 새로운 시장을 창출하는 '혁신(innovation)'이 중요하며, 이는 주로 그룹의 협동에 의해 이루어진다. 기계공학은 인공지능을 산업 전반에 실용적으로 접목하는 실천적 도구로서 여전히 핵심적인 역할을 수행할 것이다

AI 기반 기계공학 구현체의 주요 적용 분야

인공지능과 기계공학의 융합은 다양한 분야에서 구체적

인 구현체로 나타나고 있다.

첫째, AI 드론 분야에서 활용 범위가 빠르게 확장하고 있다. 러시아-우크라이나 전쟁에서는 AI 자폭 드론이 실전에 투입되어 적을 스스로 식별하고 사살 여부를 판단하는 수준에 이르렀다. 미국은 AI 조종 전투기 테스트 및 소총 부착 로봇 개의 개발을 진행 중이며, 중국은 AI 유도 장거리포 및 자율 작전 드론 모델을 개발하고 있다. 국내에서도 LIG넥스원이 비전 AI 인식을 통한 표적 추적 및 정밀 타격 드론 시스템을 개발하고 있으며, 국방혁신 4.0을 통해 AI 기반 유·무인 복합 체계 구축을 추진하고 있다(국회예산정책처, 2025).

둘째, 스마트 팩토리 및 산업용 로봇 분야는 AI 기반 제조 혁신이 가속화하며 전통적 자동화에서 지능형 협업 로봇으로 발전하고 있다. 현대차그룹은 보스턴다이내믹스(Boston Dynamics)의 휴머노이드 로봇 '아틀라스 2세대'를 싱가포르 혁신 센터에 투입하여 가상 환경 학습을 시도하고 있다. AI는 실시간 품질 검사, 설비 예방 정비, 공정 품질 결함 예측, 로봇 자동화 등 고도화한 스마트 팩토리 응용에 필수다(양희태, 2020). 에이전틱 AI는 기계가 자율적으로 결정을 내리고 복잡한 작업을 수행할 수 있도록 하여 생산성 향상에 기여한다

(Goover, 2025).

셋째, 자율주행차는 교통 문제 해결과 비즈니스 가치 창출에 핵심적인 역할을 할 것으로 기대된다. AI는 자율주행 시스템의 도로 및 주변 환경 인식, 주행 판단, 운전자 상태 인식 및 상호작용 등 광범위한 분야에 개입하며, 딥러닝 기술의 완성도가 자율주행차의 경쟁력을 좌우할 것으로 보인다(김주성 · 민수진, 2019).

인공지능 시스템 구현의 도전 과제 및 대응

인공지능 시스템 설계는 여러 도전 과제를 안고 있다. 여기에는 고품질 데이터 수집 및 정제, 복잡한 모델 설계 및 시스템 통합, 최신 기술을 이해하고 활용할 인재 부족, 고성능 하드웨어 및 소프트웨어에 대한 비용 부담, 데이터 사용 및 AI 결정의 투명성 요구 같은 윤리적 문제, 그리고 배포 후 지속적인 모니터링 및 개선을 위한 유지 보수가 포함된다(솔티의 솔솔함, 2025).

특히 자율주행차의 경우, 가변적이고 돌발적인 주행 상황에 대한 대처 능력이 부족하여 사고 발생 시 안전 논란이 지속되고 있다. 또한 AI가 통계적 확률에 기반하여 답을 도출하기 때문에 시스템 에러의 원인을 설명하기 어려운 '설명 불가능성' 문제가 있으며, 교통사고 발생

시 책임 소재와 데이터 수집 과정에서의 개인정보 보호 문제도 해결되어야 할 난제다. 이러한 한계를 보완하기 위해 AI 알고리즘 개선, 더 많은 데이터 축적, 센서 융합 기술 및 고정밀 지도 SW 활용 등이 필요하다(김주성 · 민수진, 2019).

미래 전망과 기계공학자의 핵심 역할

미래 인공지능 시스템 설계는 자동화 설계, 에너지 효율화, 인간 중심 설계, AI · IoT · 블록체인 결합 통합 플랫폼, 확장 가능한 AI, 윤리적 고려 내재화 방향으로 발전할 것이다(솔티의 솔솔함, 2025). 통합 자율 · 협업 로봇의 시장은 급성장할 것으로 예상된다. 로보택시 시장은 2023년 4억 달러에서 2030년까지 457억 달러로 약 100배 성장할 것으로 전망되며, B2B 자율 물류 시장은 2030년 약 16.4조 원 규모에 이를 것으로 예상된다. 협업 로봇은 인간과 함께 작업하며 생산성을 향상하고, 단순 자동화를 넘어 지능형 시스템으로 발전하여 인간과의 상호작용을 극대화할 것으로 기대된다(Goover, 2025).

이러한 미래에서 기계공학은 여전히 핵심적인 역할을 수행할 것이다. 인공지능이 현대의 '증기 기관'이라면, 이를 실제 세상에 적용하여 변화를 가져오는 주체는 자율주행차, 스마트 제조 로봇, 인공지능 드론과 같은 기계공학적 구현체들이기 때문이다. 기계공학자는 단순한 구조물이나 장비 설계를 넘어 AI와 융합된 지능형 시스템의 구현을 책임져야 한다. 인공지능 및 기계공학 분야의 전문가 수요는 계속 증가할 것으로 예상되며, 이에 따라 교육 체계와 교육 내용이 더욱 심층적이고 전문적인 방향으로 발전해야 할 필요가 있다.

인공지능 시대 기계 공학자를 위한 교육 혁신과 AI 산업을 위한 새로운 과제

인공지능 시대의 기계 공학자 교육은 전통적인 역학·재료·열유체 중심의 커리큘럼을 넘어, 데이터와 알고리즘을 다룰 수 있는 융합형 역량을 핵심으로 재편되어야 한다. 기계 공학자는 더 이상 완성된 모델을 해석하는 데 머무르지 않고, 센서에서 생성되는 대규모 데이터를 이해하고 이를 기반으로 학습·추론·제어가 연결된 시스템을 설계할 수 있어야 한다. 이를 위해 대학과 연구기관의 교육 과정에는 확률·통계, 머신러닝, 시스템 식별, 시뮬레이션 기반 설계, 디지털 트윈 실습이 필수적으로 포함되어야 하며, 실제 산업 문제를 해결하는 프로젝트 기반 학습이 강화될 필요가 있다.

동시에 AI 산업의 성장을 위해서는 기술 개발뿐 아니라 제도와 인프라의 혁신이 병행되어야 한다. 산업 현장에서 생성되는 데이터의 표준화와 공유 체계를 구축하고, 검증 가능한 AI 모델의 신뢰성과 안전성을 평가할 수 있는 시험 · 인증 체계를 마련해야 한다. 또한 기계공학, AI, 소프트웨어 인력이 유기적으로 협업할 수 있는 개방형 연구 생태계를 조성하고, 실패를 허용하는 실증 중심의 정책 지원이 필요하다. 이러한 교육 · 산업 구조의 전환이 이루어질 때, 기계 공학자는 인공지능 시대의 핵심 실행자로서 AI 산업의 지속 가능한 성장을 이끄는 주체가 될 것이다.

요약

인공지능은 새로운 시대의 핵심 동력이지만, 그 잠재력은 기계 공학적 구현체를 통해서만 현실 세계에 실질적인 변화를 가져온다. AI 드론, 스마트 팩토리 로봇, 자율주행차 등 다양한 분야에서 기계 공학과 AI의 융합은 산업 혁신을 가속화하고 있다. 그러나 데이터 품질, 시스템 복잡성, 윤리와 책임 문제, 제도 및 인프라 한계와 같은 도전 과제도 여전히 존재한다. 이에 따라 미래의 기계 공학자는 AI와 데이터를 이해하고 물리 시스템에 구현할 수 있는 융합형 역량을 갖추어야 하며, 교육 체계 역시 디지털 트윈과 프로젝트 기반 학습 중심으로 재편되어야 한다. 더 나아가 AI 산업의 지속 성장을 위해서는 데이터 표준화, 검증 · 인증 체계, 개방형 협업 생태계 구축이 필수적이다. 이러한 변화 속에서 기계 공학은 인공지능의 가능성을 현실로 만드는 중추적인 역할을 계속 수행할 것이다.

참고문헌

공대Nerd(2024). "인공지능과 기계공학-혁신과 융합의 미래". 티스토리. https://ausman.tistory.com/entry/%EC%9D%B8%EA%B3%B5%EC%A7%80%EB%8A%A5%EA%B3%BC-%EA%B8%B0%EA%B3%84%EA%B3%B5%ED%95%99-%ED%98%81%EC%8B%A0%EA%B3%BC-%EC%9C%B5%ED%95%A9%EC%9D%98-%EB%AF%B8%EB%9E%98#google_vignette

국회예산정책처(2025). "AI 무기체계 현황 및 시사점: AI 드론을 중심으로". 《나보포커스》, 87.

김봉구(2019). "구글 AI로 LG 제조불량 판독 30배 빨라져". 한국경제. https://www.hankyung.com/article/201904115097g

김주성·민수진(2019). "인공지능(AI) 기반 자율주행차의 발전방향". 《ETRI Insight》.

서울대학교 기술과법센터(2020). "일자리를 발명하라". 홈페이지공지사항.
솔티의 솔솔함(2025). "AI 시스템 설계: 성공적인 인공지능 프로젝트를 위한 가이드". 티스토리.
양희태(2020). "인공지능 기반 스마트팩토리 활성화를 위한 정책 개선방안". 《한국통신학회논문지》, 45(9), 1659~1665쪽.
위키백과. "제임스 와트". https://ko.wikipedia.org/wiki/%EC%A0%9C%EC%9E%84%EC%8A%A4_%EC%99%80%ED%8A%B8
위키백과. "증기기관". https://ko.wikipedia.org/wiki/%EC%A6%9D%EA%B8%B0%EA%B8%B0%EA%B4%80
주경철(2011). "[경제사 뒤집어 읽기] 증기기관은 노동자에게 더 많은 일감을 줬다". 한국경제.
Goover(2025). "AI 시대 산업용 로봇 시장 현황과 미래 발전 전략".

백동천

정부 출연 연구 기관인 한국기계연구원 AX랩스 연구실장이다. KAIST에서 학사, 석사, 박사 학위를 받고 삼성전자 반도체 사업부에서 근무했으며(2009~2013), 한국기계연구원 신뢰성연구실에서 다양한 신뢰성 데이터를 다루었다(2013~2025). 현재 대한기계학회 신뢰성 부문 부회장을 맡고 있으며, AI프렌즈 실용인공지능학회 조직위원장을 역임하는 등 기계공학 분야와 인공지능 분야의 커뮤니티 활동을 하고 있다.